本书得到国家自然科学基金"农田保护补偿政策异质效应及效能提升研究"（编号：71573099）、"国土空间管制的外溢效应及调控原理研究"（编号：41371519）、中国博士后科学基金面上项目（2017M611379）的资助

农田保护经济补偿政策农户参与的异质效应研究

NONGTIAN BAOHU JINGJI BUCHANG ZHENGCE
NONGHU CANYU DE YIZHI XIAOYING YANJIU

李海燕 蔡银莺 著

中国农业出版社
农村读物出版社
北 京

目　　录

第一章　绪　论

一、研究背景及意义

（一）研究背景

耕地资源是生态文明建设的物质基础，是经济发展的空间载体，也是保障国家粮食安全的稳定基石。耕地不仅具有经济功能和生产功能，在城市用地布局中，还通常将连片基本农田、优质耕地作为绿心、绿带的重要组成部分，凸显其生态功能（李海燕，蔡银莺，2015a）。《全国土地利用总体规划纲要（2006—2020年）》也曾强调"农田作为生态屏障"所具有的显著生态功能。耕地不仅为居民生活提供必要的粮食、木材、纤维等物质产品，还提供户外休憩、美学娱乐等精神享受，在气候调节、洪水控制、疾病预防和水质改善方面发挥着重要作用（李海燕，蔡银莺，2015a）。在自然界物质循环过程中，耕地在吸收二氧化碳、释放氧气方面的贡献比林地和牧草地的效果更加突出，能够有效降低城市的热岛效应，增加绿色开敞空间，维护野生动植物多样性。以基本农田作为大城市及其周围的绿化隔离带，将绿带作为城市规划发展的边界（李海燕，蔡银莺，2015a），确保其不受城市扩张的影响，保证各城市组团（居住小区、卫星城、工业小区）之间相互隔离，能够有效控制城市的无序蔓延（卢艳霞，黄盛玉，2014）。20世纪60年代至90年代末，农田生态系统的全球需求量是世界人口增长总量的2倍，是全球经济增长的6倍（Martin et al.，2014）。千年生态系统评估曾指出，全球2/3的农田生态系统正在不断退化（Millennium Ecosystem Assessment，2005；赵翠薇，王世杰，2010），发达国家在意识到农田生态环境存在负外部性之后，相继出台了一系列农业环境补偿策略，激励农户依据农地现实状况，采取农田保护与调整策略，并适当给予农户经济补偿或技术支持。

我国农田同样具有非常复杂的职责与功能。在2014年，中共中央、国务院以深化农村改革、加快农业现代化发展为重心给出具体指导意见，指出为了保障国家粮食安全和社会稳定，必须严格实行耕地保护制度、严守耕地红线。对于农田生态环境的维护和改善，国土资源部也在积极鼓励资金充足、意愿强烈、有代表性的区域开展农田生态保护补偿试点（李海燕，蔡银莺，2015a）。试点区域包含长三角、珠三角、成都平原等地，从市县水平扩展到省级层面，并逐步向更大范围推广。试点模式包含：①对承担农田生态环境保护责任和义务的村民集体或农民进行直接经济补偿；②对自愿组织开展小规模基本农田整治的村民给予适当经济补助；③对进行基本农田管护和质量建设的村民给予相应补助；④对耕地质量保护和建设进行补助等（卢艳霞，黄盛玉，2014）。各试点区域，如江苏省苏州市、张家港市、昆山市，上海市闵行区，浙江省海宁市，广东省东莞市、佛山市南海区，四川省成都市等，结合地区社会经济现状，推行多样化的激励策略，现已取得一定政策成效。但是，面对城市化发展中不断增长的耕地需求，农田生态补偿工作在资金、技术、劳动力等方面仍面临多重困境。一方面，随着我国新型城镇化工业化的发展，数亿农民离土离乡，农村青壮年劳动力非农化程度加快，农田丢给留守老人和妇女来管理，导致优质耕地抛荒现象严重，农业经营在数量上难以保证（李海燕，蔡银莺，2015a）；另一方面，劳动力、机械化等农业生产成本高，种粮比较效益低，耕地非农化、非粮化现象严重，农户缺乏对农地进行连片经营的观念，更缺乏主动改善农田及其周边生态环境的意识（刘彦随，乔陆印，2014；李海燕，蔡银莺，2015a）。我国自然资源利用的迫切性和需求的严峻性，导致我国现阶段必须通过政策激励的手段来加强农田生态环境的保护，调整现有农田保护补偿机制，激励更多农户从事规模化农业生产，加大对优质耕地的补偿力度，改善农田生态环境的同时，有效维护现有土地利用格局（李海燕，蔡银莺，2015a）。

现阶段我国对农田保护经济政策的研究主要集中在补偿政策制定、补偿标准论证以及补偿政策认知差异和响应因素分析等方面，缺乏对补偿政策效应合理化的评估和测算，而补偿政策成效的评估对于政策后期的调整和完善又具有非常重要的意义和借鉴作用。因此，本书从不同类型地区、耕地利用功能异质和土地权能异质3个方面，结合苏州和成都地区两期实地调研数据，对农户参与农田保护经济补偿政策的异质效应进行研究，并给出完善的政策建议。

（二）理论意义

在国内，农田保护经济补偿政策尚属初级探索阶段，现有补偿政策主要以地方政府为主导、农户被动参与的方式开展。补偿政策实施阶段，注重农户对规划保护指标的落实，部分地区强调农田集中连片等生态效益的实现，在预期目标、补偿对象、补偿标准、政策效率以及参与方式等方面与发达国家和地区的经验相比存在一定差距。如何在典型实践模式经验积累的基础之上，总结提升农田保护经济补偿政策的效应，激发利益主体参与农田保护的积极性和自主性，成为亟待解决的现实问题。在借鉴欧盟、美国、英国等地农业环境政策实践成果的基础之上，本书以国内率先开展农田保护经济政策的典型创新实践地区——苏州市和成都市为例，评价不同类型地区及异质农户参与农田保护经济补偿政策的实施效应、影响及障碍因素，为进一步探索定位参与政策的有效农户类型，改进地方政府创新性土地管理方式提供直接参考和依据。

（三）实践意义

随着新型城镇化的发展、农业现代化的推进，各项事业对耕地资源的需求量也在不断加大，受耕地后备资源总量的限制，我国正面临巨大的生态环境保护压力，推行农田保护补偿制度成为我国现阶段趋势所在。在2014年，中央1号文件就曾强调农田作为生态屏障具有非常显著的生态功能。本书以率先开展农田保护经济补偿政策的苏州、成都等典型创新实践区作为研究重点，探讨农户参与农田保护经济补偿政策的异质效应，通过分析影响政策成效提升的障碍因素，为调整完善我国现有农田保护补偿机制提供可视化管理路径与政策建议。

（四）研究目的

①国内目前农田保护经济补偿模式存在显著的地域差异，对苏州和成都等典型创新实践区域内农户参与农田保护经济补偿政策的异质效应进行评价，分析农田保护经济补偿政策在提高农户收入、促进家庭支出、改善农田生态环境、保证农户政策满意度等方面的贡献，分析补偿政策对改善农户家庭生活所发挥的作用和影响，为补偿政策调整和完善提供科学依据。

②在土地流转等政策背景下，农户生计日渐多元化，农户对农地的生存依赖程度也有了显著不同，这也促使农户参与农田保护经济补偿政策效应感知上存在显著的地区差异和农户个体分化特征。本书从补偿模式差异、耕地功能异质、土地权能异质等方面分析农户参与农田保护经济补偿政策的效应及规律，揭示异质农户参与补偿政策效应的差异，分析耕地功能异质和土地权能异质农户对补偿政策效果的敏感程度，为有针对性的调整和改进农田保护经济补偿政策，提升政策效率，降低补偿政策异质农户的贫困水平提供参考建议。

二、研究内容与进展

(一) 主要内容

本书以国内率先开展农田保护经济政策的典型创新实践区域——苏州市和成都市为例，评价异质农户参与农田保护经济补偿政策的实施效应、影响因素及障碍因素，探索定位参与政策的有效农户类型，为完善现有农田保护补偿机制提供可视化管理路径及政策建议。主要内容包括：

① 从农田保护经济补偿政策的实施现状出发，分析欧盟、美国、英国等发达国家和地区农业环境政策实施效应的最新研究进展，比较发达国家和地区农业环境政策的异质效应及差异性。

② 分析选择苏州、成都作为研究区域的理论依据，并简要描述调研区域的自然资源禀赋状况、社会经济发展水平，比较研究区域在农田保护经济补偿政策背景与补偿模式上存在的差异。

③ 比较苏州和成都两个典型创新实践地区受访农户对农田保护经济补偿政策的关注度及农户参与补偿政策的真实意愿，比较补偿政策实施对提高农户家庭收入、提升保护农田积极性、改善农田生态环境、降低贫困水平的影响。

④ 以苏州和成都两个率先在全国探索实施农田保护经济补偿政策的创新实践区域为实证，在比较两个实践地区补偿模式及地区经济发展水平差异的基础上，分析苏州、成都两个地区农户参与农田保护经济补偿政策的实施效应、影响因素以及障碍因素。

⑤ 构建农户家庭耕地利用功能的评价指标体系，依据耕地利用功能指标的强弱度划分农户类型，估算不同耕地功能类型农户参与农田保护经济补偿政策的实施效应，比较耕地利用功能异质类型农户参与补偿政策实施效应提升的障碍因素。

⑥ 农田保护经济补偿政策能够一定程度上增加农户的转移性收入，激励农户进行土地流转，本书从流转农户与未流转农户角度，分析流转过程中农户土地承包权与经营权相分离的程度，探索土地权能异质类型农户参与农田保护经济补偿政策的实施效应，比较土地权能异质类型农户参与补偿政策成效提升的障碍因素及差异。

(二) 研究综述

1. 国外研究进展

美国农业环境政策最早起源于 20 世纪 70 年代，基本模式有 2 种，一种是发展权付费或农业地役权保护付费，另外一种是土地发展权转移（Lynch，2007b），农业环境政策的主要目的是为了激励农业地役权保护，改善农田生态环境（Danskin，2000）。在地役权不受限制的公平市场与受限制的非公平市场，发展权的价值是存在一定差距的。以一个农户家庭为例，80 英亩①农场的土地价值假设为 1 万美元/英亩，如果地役权限定只能用作农业用途，则土地价值降为 2 500 美元/英亩，这就意味着地块发展权的价值为 7500 美元/英亩，对应总价值为 60 万美元，等同于土地发展权的机会成本（De Haas，2010）。此时，在有限财政预算下通过发展权付费与农业地役权保护来获得更高的农业保护价值，通常都被认为是明智的（Machado et al.，2006；Messer，2006）。随着农业环境政策的不断推进，地方政府的财政投入与农户的政策参与程度也在不断提升。在 1999—2002 年，美国地方选票机构对土地保护项目的基金总投入接近 167 亿美元。到 2001 年，有 19 个州和 34 个郡县实施发展权付费政策。其中，仅 11 个州就有超过 81.94 万英亩的土地参与保护，保护成本在 12 亿美元以上。在 2003 年，有 75%～80%的公众参与投票，通过税收、募捐等方式为土地保护筹集资金（De Haas，2010），也有市民通过公投的方式选出信托基金，为农业环境保护付费（Feather，Barnard，2003；Duke，Ilvento，2004）。此外，美国地方选举机构还对额外的 99 个农业环境保护项目的投资进行估计，项目总投资在 13 亿美元以上。到 2005 年，实施农业环境政策的地区增至 124 个，超过 167 万英亩的土地得到保护，环境保护成本增至 40 亿美元（American Farmland Trust，2005a；American Farmland Trust，2005b）。到 2011 年，累计有 15 个州，超过 3/4 以上的地区通过发展权付费或移转的方式来永久性保护土地（Nickerson et al.，2012）。

（1）农业环境政策对土地价格波动的影响

全球粮食危机和生态环境破坏引发各国对农业环境政策合理性的重新审视（International Crisis Group，2005；Trevisani，2007；Deininger，Jin，2008；Do，Iyer，2008；Markussen，2010）。地方政府也鼓励农场主在保证粮食安全和地块农业发展可持续的前提下，积极参与土地休耕政策，放弃土地发展权，以保护更多乡村景观（Gardner 1977；Rodgers et al.，2009）。地役权保护政策是保护土地所有者在所属土地上从事某种确定性活动，或者在地块上维持某种确定土地属性的农业环境政策（Anderson，Weinhold，2008）。虽然基础理论强有力地表明地役权保护政策将会降低土地的价值，但是由于现实中很难估计，所以很少有文献能够验证这一观点（Nickerson et al.，2012）。目前，

① 英亩为非法定计量单位，1 英亩≈4 046.86m²。

发展权受限对土地价格影响主要包含 2 个方面。

一是土地发展权受限能够提升地块的价值。通过发展权受限能够增加土地的美学价值，进而提升地块周边的土地价值（Irwin，Bockstael，2001；Geoghegan，2002；Geoghegan et al.，2003），所以减少可发展土地的供给数量，限制土地发展用途，能够起到增加附近地块价值的目的（Plantinga，2007）。已有研究表明现存的农业环境政策可能会对土地价格有一个积极的或者是微不足道的影响（Johanna，Pascale，2015），Blakely（1991）也发现华盛顿地区参与发展权付费项目的农用地价格比地役权保护的地块平均价格要低，平均差价为 1 217 美元，利用有限的 85 个土地交易数据（其中有 6 宗受限地块），分析霍华德地区地役权对土地价格的影响，结论表明地役权对土地价格有一个正向但并不十分显著的影响。上述研究结论导致更多经济学家优先去维护并支持这一结论。然而，地役权保护并不能在市场上自由买卖，也因此没有可观测的价格参考。尽管部分地役权已经被出售，但是出售的地役权并不具备竞争性，地役权的需求源于政府机构，政府在市场中扮演着一个简单买家的角色，对于地役权价值而言，这将是一个主观的错误概念（Geoghegan et al.，2003）。也有部分研究发现地役权保护能够提升附近财产的潜在价值，相邻财产权价值的转变可能会导致其他特征的转变，促使富裕农户受益更多，这样的结果将会显著提升受限土地的价格，引起溢出效应和反馈效应（Anderson，Weinhold，2008）。

二是土地发展权受限会降低部分土地的价值。Anderson 和 Weinhold（2008）收集了威斯康星南部地区 131 个土地交易数据，其中发展权受限的地块有 19 宗。研究发现，发展权受限对土地价格有负向影响，但影响效果非常微小。当受限制土地变为一组更同质的地块时，发展权受限对土地价格的影响将会显著上升，特别是对闲置的农用地而言，保护地役权对于土地价值的负向影响程度超出了 50%（Lynch，2007a）。Taff（2004）利用 34 个地役权长期受限的土地交易数据进行分析，发现受限地役权对于土地价格有显著负向影响，影响程度为 32%。部分学者认为地役权受限对土地价格的影响并不完全可信。简单经济学理论表明，受限制土地的价格将会下降，由于土地的未来发展潜力并不能直接被观测，所以土地价格下降的程度需要被重新估计。Kathryn（2008）认为地役权价值的估算将决定财政转移方向以及农户的税收优惠情况。还有学者认为，虽然发展权受限会对土地价格产生负向影响，但作用并不显著。私人土地地役权保护绝非社会和生态价值之间简单权衡的"零和博弈"，更像是为土地所有权人和保护机构之间提供了一个"双赢"的收益途径（Robbins et al.，2010）。Nickerson 和 Lynch（2001）利用 244 个土地交易的样本（内含 24 个财产权受限的数据），检验了发展权受限对土地价格影响的政策效果,研究发现发展权受限的土地价格低于土地的销售价格,但影响并不明显。许多农场主也在预期,随着土地需求不断上升,潜在需求压力会促使立法者释放农业环境政策中规定的对土地使用权"永久性"受限的约束,如果土地所有者与土地使用者相信这些受限制土地的使用权并不会长期捆绑,土地使用受限将不会显著降低土地的价值(Nickerson et al.,2012)。

(2)农业环境政策成效的研究进展分析

全球经济发展正面临着来自食品、经济和气候变迁3方面带来的前所未有的挑战,这一挑战直接刺激现有产业改变当前农业环境保护的发展策略,促使农业环境政策进行再定位,以期获得更好的发展前景(Addison et al.,2011)。虽然,政府机构已经建立了大规模的农业环境保护项目,并对参与政策、实施保护的农户提供财政激励(Heimlich,Claassen,1998;Dobbs,Pretty,2004;Baylis et al.,2008;Claassen,2008;Hajkowicz,2009),但是当前农业环境政策是否有效率,依旧缺少有效合理的评判(Bengston et al.,2004;Mundie,1982;Daniels,Lapping,2005;Hollis,Fulton,2002)。因此,农户对农业环境政策成效了解越多,越有利于提升其保护土地的预期(Jacob,Stephanie,2013)。

总体来说,发展权付费与转移项目是保护农业生态环境最直观的方式,它对农地的地役权进行限制,未来凡是参与发展权转移政策的土地,都只能作为开敞空间来使用,土地用途被永久限定为农业用途(David,2009)。农场主可以通过登记参与发展权付费、转移政策,来卖掉土地的发展权,但仍保留地块的所有权(Nickerson et al.,2012)。发展权付费与转移政策能够令政府机构在都市圈层区减免财政税、补充其他农地的保护措施,但却无法有效减缓农地的转换效率。De Laporte等(2010)在农地保护多元目标驱动下,将农业水资源与多种土地利用投入相结合,检验了农业环境政策的成效。Joshua(2002)从土地保护的公众偏好视角,评估发展权付费的政策效率,比较被保护土地在环境、农业、经济增长和开敞空间共享方面做出的贡献。由于发展权付费政策的补偿资金并不能精确估计土地的使用价值,由此导致无法准确反映农业回报的净预期(Nickerson et al.,2012)。理性条件下市场需求匮乏,公共物品交易成本低以及严格遵守固有条约规定,均会影响农业环境政策的效率(Ciriacy,1971;Ciriacy,Bishop,1975;Common,1995)。Lynch(2001)利用成本效率和技术效率指标对马里兰地区农用地保护基金、发展权付费政策、发展权转移政策的有效性进行对比,分析农业环境政策的效应差异。Machado等(2006)利用概念化框架来量化农地的社会价值,用于保护农业生产功能,维护乡村生态景观环境的稳定,并对城市经济增长政策做出进一步的预测。

Lynch（2001）以最大化农地保护数量为农业环境政策的主要目标，以地块大小、农场生产能力作为项目有效性的判定标准，对生产性农场、连片农场和生态脆弱并受到威胁的农场进行保护，研究发现，发展权付费项目是当前交易背景下最有效的农业环境政策。De Oliveira（2008）对大都市农地发展模式对农地保护的影响进行分析，研究发现，低密度的家庭住房特征，降低了地块的空间保护潜力。作为公共开敞空间的被保护土地利用相对更有效率。此外，保护性耕作政策在控制水土流失方面比湿地保护政策具有更高的成本有效性（Joshua，2012）。

由此可见，发展权受限是发展权付费与转移的现实基础，相关学者从土地用途受限、农业税费减免、土地利用投入、农户农地保护偏好以及土地景观保护等多个方面对农业环境政策的有效性进行研究。研究表明，发展权付费与转移政策是保护农业生态环境最直接、最有利的方式，虽然不能全面控制土地用途的转换效率，不能有效遏制自然资源与生态系统服务的退化，但在农田生态环境保护方面具有效率，未来可以通过法律、制度、政策机制、文化等因素的约束，利用市场交易置换等商业手段，进一步推进自然资源、生态系统服务市场的进化，保证农业环境政策更有效率地运转，维护农业生态景观的可持续。

(3) 农业环境政策的影响因素分析

随着公众对土地保护协会的不断关注，地方政府也开始设计土地保护框架，用于开敞空间的保护，其中最著名的项目就是地役权保护。在 2005 年，土地信托联盟的报告中曾指出，有超过 620 万英亩的土地加入地役权保护政策，土地信托基金的数量也超过了 1 600 家。大自然保护协会，美国最大的土地信托机构之一，每年财政预算投资的 50% 以上用于地役权保护（Fishburn et al.，2009）。到 2007 年，美国有超过 128 个地区实施农业环境政策，超过 230 万英亩的土地得到保护，被保护土地的总价值约为 55 亿美元（American Farmland Trust，2008）。地役权保护可以被当作保护土地生态景观、修复野生动物栖息地、维持生物多样性的一种有效工具（Thompson，1996；Daniels，Lapping，2005；Sokolow，2006；Kathryn，2008）。2008 年，美国有超过 73 万公顷的私有土地参与农业环境政策（David，2009）。到 2010 年，参与美国农业环境政策的土地面积达到 357 万公顷，是 2000 年数据的 4 倍，超过半数的在耕农场、大牧场和森林已经被优先列入保护区域，由政府机关或者土地信托机构作为保护者，依据地役权合同对其进行永久的监管和维护（Chang，2011）。农业环境政策对于农业开敞空间保护来说是一种非常有效的方式，通过地役权政策来增加对私人土地的保护已经获得科学家和环保实践者的一致认同。实施地役权保护的结果是将地役权与农业土地紧密相连，对土地转变为住宅用地、商业用地和工业用地的权利进行限制，同时对参与政策的土地所有者予以赋税优惠或者现金补偿。农业环境政策具有多种政策目标，在维护国家食品安全、农业生产的可持续、城乡农用地发展以及农村景观环境保护方面起到一定激励作用（Gardner，1977；Gale，1993；Feather，Barnard，2003；Duke，Ilvento，2004）。对于私人土地进行保护的方法之一就是鼓励其参与地役权保护，通过合同对已经认同的土地价值进行永久性的保护（Byers，Ponte，2005）。

农业环境政策受到多方面因素的影响，相关文献也从不同层面对农业环境保护的政策效果及影响进行批评性的点评和关注（Cheever，1995；Meren-lender et al.，2004；Morris，2008；McLaughlin，2009；Gerber，2012；Hodge，Adams，2012）。其中，空间多重判别分析结果表明参与农业地役权保护的土地应具有优先权，需要结合社会发展目标进行协调（Tulloch et al.，2003；Sokolow，2006）。Vitaliano 和 Hill（1994）发现农业环境保护项目的条例限制了农场主的农业种植积极性。而 Cross 等（2011）则认为地区特征、保护规范和经济依赖是影响土地所有权人对农业环境政策参与态度的关键。地役权保护过程中，土地所有权人对公平、伦理和风险等因素的认知偏好，土地用途的限制以及对土地的依赖程度等方面，都将影响农业环境的保护（Kabii，Horwitz，2006）。Jacob 和 Stephanie（2013）认为以娱乐和生存为目的的行为，是地役权保护中参与最频繁的土地利用行为。因此，未来农业环境政策要与在耕土地的保护需求相一致。除了政策因素、区位因素、农户对政策的认知态度等因素的影响，正规的财产权、明晰的土地产权也将显著增加农户对农业环境政策的兴趣和参与程度（Goldstein，2008；De Oliveira，2008；Markussen，2010）。研究经验表明，安全的土地产权，有利于降低土地被征收风险，提高农户投资土地的积极性，反之，被弱化的土地财产权将会导致较低的土地投资积极性（Galiani，2010；Brasselle，2002；Alston et al.，1996；Deininger，Jin，2006；Besley，1995）。Do 和 Iyer（2008）对越南土地改革之后的产权进行研究，也印证了上述结果，即正规的土地财产权能够增加农场主进入信贷市场的机会，提升其固有投资能力（Pineda，1989；De Soto，2000）。而不稳定的财产权会导致激烈的土地冲突，造成农业生态环境的退化。特别是在巴西亚马孙地区，土地产权不明晰是造成土地冲突和农业生态环境退化的最主要因素（De Oliveira，2008）。Macours 等（2010）还发现，不完善的财产权显著降低了多米尼亚地区土地租赁市场的交易水平。因此，Deininger 和 Feder（2001）建议政府通过增加地权的稳定性和可转移性，来改善乡村的土地生产力与投资水平，从而提升农业环境政策效率。

（4）农业环境政策成效提升的障碍因素分析

在欧盟共同农业政策（CAP）2000 议程实施之后，欧盟更加关注共同农业政策在监督生态环境改善，管理环境服务供给上的政策效果，但却很少有人知晓激励农户参与农业环境政策的关键性因素有哪些（Wossink，van Wenum，2008；Vanslembrouck et al.，2002）。为了进一步分析影响农业环境政策效应提升的障碍因素，相关学者尝试从农户特征、环境因素、商业因素等方面，对限制农业环境政策效应提升的障碍因素进行分析。

农户在农业环境政策效应评价方面扮演着非常重要的角色，从基本特征来看，年龄通常是一个显著的障碍因素。一般来说，对于愿意接受风险的年轻人而言，农业环境政策参与率相对更高，政策成效的反馈也更好（Wynn et al.，2001；Bonnieux et al.，1998；Ilbery，Bowler，1993）。反之，不断扩张的农业环境政策降低了没有土地继承权的老年农场主的政策参与比例（Potter，1992）。教育程度同样也是衡量人力资本强弱的关键，教育程度越低则越会限制农户参与政策的意愿（Dupraz et al.，2002；Wilson，1996）。Battershill 和 Gilg（1997）发现英格兰地区影响农户参与政策的主导因素是对农业环境政策的态度。此外，家庭生命周期，也是影响农户政策效应提升的因素，但影响的程度并不深远（Vanslembrouck et al.，2002；Wynn et al.，2001）。基于地理位置的个人生活史、环境道德观念以及强烈的价值渴望都将有助于公共物品的保护（Farmer et al.，2011a）。

农户与农业环境政策之间的对接，农户接收信息的多寡，邻居是否参与政策、咨询顾问对农户参与农业环境政策的谈判技巧等因素也是影响农业环境政策效应提升的关键（Damianos，Giannakopoulos，2002；Van Huylenbroeck，Whitby，1999）。通常来说，农户越早符合农业环境政策（AEMs）项目的标准，其参与农业环境政策的可能性就越高（Wynn et al.，2001；Wilson，1996；Wilson，2001），而接收到的农业环境政策的信息量越多，信息了解越详细，也同样会提高农户的参与意愿（Van Huylenbroeck，Whitby，1999；Wynn et al.，2001；Damianos，Giannakopoulos，2002），反之，如果信息传达途径受阻，则会显著地影响政策效果反馈。

商业因素、政策认知等变量也是显著影响农户参与农业环境政策效应的关键。Wossink（2003）认为如果农户家庭收入全部依赖农场经营，那么自愿参加 AEMs 项目的可能性将会非常低（Delvaux，1999；Dupraz，2002）。Beedell（1996；2000）从农户对农业环境政策的态度、农业环境政策的感知程度以及参与政策的个人偏好等方面对环境政策限制因素进行分类。Davies（2006）发现"技术信仰"和"工作管理方向"在决定农户履行项目合约方面扮演着非常重要的角色。农户对农业环境政策的熟悉程度对其参与政策具有重要影响（Vanslembrouck et al.，2002）。如果农户都自愿参与没有补偿的保护政策，或者成为环境信托机构的成员，都是对环境政策取得正面效果的体现（Morris，2009）。

2. 国内研究进展

农业环境政策是 20 世纪 80 年代之后西方发达国家和地区有效激励农户参与乡村适宜景观地保护的最主要手段。在借鉴国外成功经验的基础之上，结合我国农田保护经济补偿政策的实施现状，我国部分经济发达、财政充裕的地区也开始积极探索建立农田生态补偿政策。其中，成都市于 2008 年开始对下属的 9 区、6 县、4 市开展耕地保护基金政策[①]，以激发农户参与农田保护的积极性，保证国家粮食安全和农业生产的稳定。随后，东部地区（如苏州张家港市）也于 2010 年出台了农田生态补偿政策[②]，对辖区内的基本农田给予农田生态补偿，并通过拓宽生计渠道，增加农户直接经济收益的方式，加大对连片水稻田的保护，改善农田生态环境的同时均衡区域经济发展。接着，长三角、珠三角地区也相继推出农田生态保护补偿政策，以地方政府财政转移支付为主要方式对因保护农田生态环境而在经济发展上受到限制的村集体和农户给予直接补贴或补偿，典型地区如江苏省苏州市昆山区、上海市闵行区、广东省东莞市、广东省佛山市南海区以及浙江省海宁市等地。农田生态补偿政策在维持耕地数量、提升耕地质量、保障国家粮食安全、兼顾农田生态环境与生态系统服务功能的长期稳定方面发挥着巨大作用。农田生态补偿政策强调对集中连片高产水稻田、高标准优质耕地的生态环境保护，通过强化农田生态环境的建设，达到修复和改善农田生态系统服务功能，推进现代化优质农业产业发展，促进农田生态环境自然恢复的目的，从而发挥农田生态系统服务价值的最优效用。

国内关于农田保护经济政策的研究，最早从生态补偿政策效应研究拓展而来，农田也是生态系统中非常重要的一个组成部分，农田生态补偿的理念归属自然资源有偿使用范畴，生态补偿机制的研究主要涉及我国对生态补偿政策的研究和补偿机制与框架的构建（李文华，刘某承，2010）、主体功能区农田生态补偿机制设计（王昱，2009）以及国家级自然保护区生态补偿机制的确立（陈传明，2011）等方面。随着我国社会对市场经济体制的不断完善，经济增长方式的稳定转变，通过生态补偿方式来有偿使用生态资源成为一种新的环境管理模式（毛显强 等，2002），开始在我国东部地区开展试

---

① 《成都市耕地保护基金筹集与使用管理实施细则（试行）》，成都市人民政府，2008。
② 《关于建立生态补偿机制的意见（试行）》，苏州市人民政府，2010。

点。面对经济快速增长与环境资源供求紧张的矛盾，人类开始反思传统方式下农地资源管理模式存在的弊端和缺陷，倡导政府逐步改善土地资源的配置比例，优化资源分配模式，重点对农田生态补偿中的环境责任方进行界定，建立与市场经济体制相一致的生态保护与补偿管理制度，并对区域补偿决策做出选择（许晨阳 等，2009）。农户是农田生态补偿政策的参与主体，农户参与补偿政策的意愿、补偿政策的认知响应状况都将直接影响农田生态补偿政策的具体成效（李海燕，蔡银莺，2014）。当前农田生态环境负外部性问题凸显，作为"理性经济人"，农户不会主动承担农田生态保护的高额成本，且随着农户生计方式的多元化，以农业为主的传统农户的生计方式正在被多样化的兼业方式所取代，兼业方式的多样化进一步抑制了农民保护农田的积极性，削弱其对农田生态环境保护的投入力度与保护强度。因此，必须采用经济补偿等方式激励农户保护优质耕地、维护农田生态景观的积极性（蔡银莺，朱兰兰，2014）。

农田是人与自然相互融合的一种特殊的生态系统，不仅具有生产功能，还具有生态服务功能、休闲娱乐功能、文化价值与美学功能，为了保证农田生态系统服务的长久稳定，必须加强农田生态系统中物种多样性的保护。刘敏超等（2005）对三江源自然保护区内生态系统服务功能的价值进行评估，重点阐述农田等生态系统在涵养水源、调节气候、维持生物多样性等方面发挥的重要作用。李克国（2000）从资源经济学的角度对我国已有生态补偿政策的理论基础、补偿原则、分类依据进行深入的阐述。随后，章家恩和饶卫民（2004）从农业生态系统服务功能角度，分析其与可持续利用的关系，为构建农田生态补偿机制做铺垫。潘玉君等（2003）运用人地关系思想对区域生态环境的补偿问题进行分析，认为区域生态补偿机制应以生态环境建设为主体，多元补偿相融合的方式来保护区域的生态环境。曹明德（2004）探讨了在立法过程中，我国生态补偿机制设计上的缺陷，并对此提出改进意见；孙新章（2006）也认为虽然生态补偿的投入力度较大，但仍存在补偿范围较小、补偿资金来源单一、补偿标准制定不合理等问题。

我国农田生态补偿政策实施期限较短，在 2010 年之后，学者开始尝试以某一典型实践地区为例，从农户对补偿政策的响应、补偿政策的满意度、区域经济水平差异、补偿模式选择等视角分析农田保护补偿政策的初期成效，注重不同层面、多个视角补偿政策效应的比较。其中，蔡银莺和张安录（2010）从农业环境政策的绩效评价、农田保护补偿标准测度、农田生态补偿政策的福利效应研究等方面对国内外农田生态补偿政策的绩效进行对比和分析，并为我国农田保护补偿政策效应评价提供经验借鉴。杨欣和蔡银莺（2011）从农田生态补偿政策的模式选择入手，挖掘现有农田保护经济补偿政策的制度缺陷，发现操作便捷、兼顾公平与效率，同时还能有效控制交易成本的补偿方式，才是生态补偿机制能够顺利开展的关键。蔡银莺和朱兰兰（2014）从农户个体层面对农田保护经济补偿的实施效应进行估算，认为补偿政策存在空间异质性，能够促进粮食增产、提高农民收入，并能优先满足较低收入家庭的利益需求，有利于农田保护补偿政策效应的提升。余亮亮和蔡银莺（2015）分析了典型地区农田保护补偿政策实施初期的政策成效，区域经济发展水平是导致补偿政策效率存在差异的关键，建议从农户分化视角对补偿政策效应做进一步分析。虽然有关农田保护经济补偿政策效应评价的研究正在不断增多，但现有补偿政策效应评价的研究比较单一，已有文献多从单一时点、单一地区的实施现状入手，进行简单对比和分析，缺乏对农田保护补偿政策的长期动态跟踪。农田保护经济补偿政策在实施过程中，由于受区域经济发展水平、区位空间特征、农户分化类型等因素的影响，会导致补偿政策在实施过程中，存在显著的异质效应差异，特别是在土地流转政策实施的政策背景之下，农户的生计方式也悄然发生了变化，传统单一的农业经营方式正在向多元化、兼业化的生计方式转变。生计方式多元化，也促使耕地主导功能发生根本性的转变，农田生态补偿政策应依据当前土地政策的现实背景和耕地利用功能的转变结果，及时调整完善农田保护补偿政策的补偿重点和关注方向，并尝试从区域层面分析比较补偿政策效应的空间异质性，从农户个体分化视角定位参与政策相对有效的农户类型，为补偿政策效应提升提供参考依据。

3. 研究进展评述

发达国家和地区农业环境政策已经实施了很多年，关于农业环境政策实施效应的研究也已积累了大量文献。常见的补偿政策模式有两种，一种是发展权付费或农业地役权保护付费；另一种是土地发展权转移，地方政府通过财政激励与补偿模式相结合的方式来鼓励农户放弃脆弱地区的土地发展权，或者采用环境友好型耕作方式来管理土地，达到改善农田生态环境、提高农业利用效率、保证国家和地区粮食安全的目的。虽然，发达国家和地区的农业环境政策实施较早，但是补偿政策在实施过程中依旧存在许多问题，为了有效提升农业环境补偿政策效率，地方政府也在不断调整和完善现有农业环境政策。在美国，农业环境政策先后经历了两次较大规模的变迁，补偿重点也由"农产品价格支持和产量限制"向"发展农村、保护环境"方向转变（吕晓英，李先德，2014），特别是在 2014 年新农业法案颁布之后，补偿资金更多向在耕土地的环境保护项目倾斜。欧盟农业环境政策也经历了初期探索形成（1983—1986 年）、充分发展（1987—1992 年）和成熟阶段（1993 年至今）3次重要变迁（卢晨阳，2014），农业环境政策目标也在变革中不断深入和发展，更加注重环境质量的保护和改善，更多关注人类的健康，实现自然资源的合理利用。很显然，农业环境政策在提高农户收入（赵昌文，Nigel Swain，2001；Sundberg，2013）、改善农田生态环境（Martin et al.，2014；Kraft，2015）、降低贫困水平（Buys，2007；Angelsen，2010）等方面取得一定进展，但是农业环境政策是否完全符合补偿政策的预期，不同的文献得出了不同结论（Bradshaw，Smit，1997；Wise，2004；La Vina et al.，2006；López，Galinato，2007）。

我国农田保护经济补偿起步较晚，正处在政策实施的初期探索阶段，在试行阶段，对农户参与农田保护经济补偿政策效应进行评估，有助于推进我国农田生态环境保护政策的实施，为相关政府部门总结经验、提出改进措施等提供参考。国内关于农田保护经济补偿政策效应的研究相对较少，受实践探索期限短的影响，关于农田保护经济补偿政策实施效应的研究主要集中在以下方面：农户对补偿政策效果的响应感知（俞琼艳，2013；李海燕，蔡银莺，2014）、对实施补偿政策的满意度（朱阳红，2012；余亮亮，蔡银莺，2015）和分析补偿政策效应提升的限制因素。已有文献主要以某一特定区域、某一时点的政策效应进行分析，缺乏从区域空间的异质性角度对补偿政策实施的空间差异性进行比较。补偿政策实施的不同阶段，制度因素、环境因素、经济因素等变量也会对补偿政策效果产生不同程度的影响，特别是在土地流转政策和耕地保护政策相互影响的政策背景下，土地流转政策趋势加速了农业经营方式的转变，影响了农户的生计类型，导致耕地利用功能也发生了显著变化，进而导致补偿政策成效与预期目标之间存在偏差，造成不同地区在补偿政策效果表现上的显著差异，为了更准确的了解政策实施过程中，补偿政策效果的反馈，需要借助长期动态跟踪调研的方式来研究农田保护经济补偿政策的实施效应，但很显然，很少有文献从上述视角对补偿政策的异质效应进行考虑。因此，如何全面评估补偿政策的空间异质性、如何从农户分化视角分析不同类型农户参与补偿政策的异质效应、如何定位参与补偿政策相对有效的农户类型，将是值得继续关注的问题。

三、研究方法与技术路线

（一）研究方法

1. 社会调查方法

本书针对实施农田保护经济补偿政策的区域展开调研，采用简单随机抽样与面对面访谈相结合的方式进行，调研区域、时间安排和调研方式如下。

调研区域。选在苏州张家港市、成都市下辖的 7 个乡镇，依据调研区域人口分布、区位特征和社会经济发展水平，结合政策实施现状，确定抽样比例和调研村集体名单，参照调研计划部署安排，分配人员，实施调研。

调研时间。此次调研共分 2 次，政策初期的调研时间安排在 2012 年的 7 月和 12 月，政策中期的调研时间安排在 2015 年的 7 月和 10 月，因参与调研人员与调研问卷质量等方面的要求，每个区域每次实地开展调研 15～20 天。

调研形式。主要针对实施农田保护经济补偿政策的区域，通过问卷调研的形式，对政策实施后农户的农业种植情况、对农田保护经济补偿政策的认知、政策参与程度、补偿政策实施成效、政策激励效果认知、土地流转情况、家庭人口分布、家庭经济收入支出情况、村庄资源禀赋与社会经济状况等方面进行调研。

2. 数理统计模型

利用倾向得分匹配模型（Propensity Score Matching，PSM），从农户收入、家庭支出、劳动供给和政策满意度 4 个方面分析受益农户与非受益户参与农田保护补偿政策的异质效应。

利用有序 probit 模型，对典型地区农田保护经济补偿政策实施效果的经济影响因素、制度影响因素进行分析，结合变量的边际效应分析异质因素对补偿政策效应的影响。

依据耕地利用功能指标强弱度对农户类型进行划分，结合模糊综合评判模型（Fuzzy Synthetic Evaluation，FSE）估算耕地利用功能异质农户参与农田保护经济补偿政策的实施效应。

采用双重差分模型（Difference in Difference，DID），结合区域经济特征，从流转农户、未流转农户两个层面，对土地权能异质农户参与农田保护经济补偿政策的异质效应进行评估。

利用基于熵权的 TOPSIS 模型计算障碍因素的权重，并结合障碍度模型对限制不同类型地区、耕地功能异质和土地权能异质农户参与农田保护经济补偿政策效应提升的障碍因素进行分析。

（二）技术路线

围绕研究框架和重点研究内容，本书的技术路线具体如图 1-1 所示。

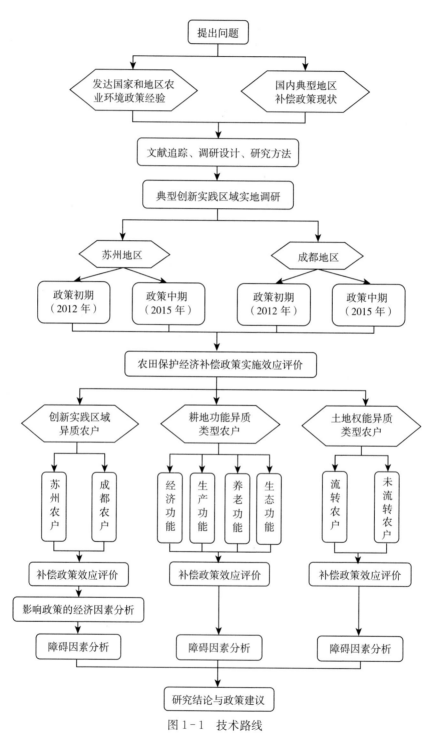

图 1-1　技术路线

四、创新与不足

（一）创新之处

本书以国内率先开展农田保护经济政策的典型创新实践区域——苏州市和成都市为例，评价农户参与农田保护经济补偿政策的异质效应、影响因素及关键障碍因素，探索定位参与政策的有效农户类型，为完善现有农田保护补偿机制提供可视化管理路径及政策建议。本书具有以下三个方面创新：

1. 以苏州和成都两个率先在全国探索实施农田保护经济补偿政策的创新实践区域为实证，在比较两个实践地区补偿模式及地区经济发展水平差异的基础上，分析苏州、成都两个地区农户参与农田保护补偿政策的实施效应、影响因素，以及提升政策效应的障碍因素，在区域选择上具有典型性和代表性，促进创新实践区域农田保护补偿政策的调整和完善，总结提升经验做法为其他地区构建农田保护补偿机制、制定有效的补偿方案提供参考依据和实践经验。

2. 在社会经济转型及新型城镇化发展过程中，耕地利用在农户家庭中承担的作用因家庭生计方式、地区经济发展状况差异已经发生了明显变化，一定程度上反映农户对土地的生存依赖度，本书测度两个研究区域农户家庭耕地利用多功能的强弱度并据此划分农户类型，分析耕地功能异质类型农户参与农田保护补偿政策的效应差异及影响效率提升的障碍因素，为进一步提升补偿资金使用效率提供参考依据，在研究视角上具有一定创新性。

3. 创新实践地区的经验表明，农田保护经济补偿政策能够适度增加农户家庭的转移性收入，激励生计多元化、兼业化程度高、农地生存依赖度低的农户进行土地流转，受补偿农户存在土地承包权和经营权是否分置两种权能异质类型。本书以流转农户和未流转农户为例，从土地流转过程中农户土地承包权与经营权相分离的维度，探索土地权能异质类型农户参与农田保护经济补偿政策的实施效应、障碍因素，有利于定位参与政策相对有效的农户类型和补偿对象特征，为政策成效提升提供参考借鉴。

（二）不足之处

虽然，论文对典型创新实践区域异质类型农户参与农田保护补偿政策的实施效应、影响因素及障碍因素进行了细致的分析，但仍存在以下不足：

1. 关于农户参与农田保护补偿政策异质效应的评价，因作者个人研究能力和调研数据获取在时间、财力及人力方面的局限，当前研究仅从创新实践地区模式差异、农户家庭耕地利用主导功能异质和土地流转承包经营权能分置等方面开展探索性比较，未来如何融合农户家庭禀赋、生计方式异质等要素综合清晰地辨识农户家庭农地生计依赖度,对依赖度不同的农户参与农田环境保护补偿政策的实施成效及障碍因素进行精准研究,则有待进一步开展。

2. 在耕地利用主导功能异质类型农户参与农田保护补偿政策效应评价过程中,作者关于农户家庭耕地利用功能类型的划分相对粗略,主要依据耕地利用在农户家庭中扮演的经济贡献、粮食生产、养老保障等作用做出评判,划分结果是一种近似估计。在现有工作基础上,未来研究在指标选取、权重确定和农户类型划分方面需要更加谨慎、科学。

3. 本书以苏州、成都等地 2012 年和 2015 年开展的两期动态调研数据为基础进行研究,在 2012 年的初期调研设计中有的问题难免考虑不够,2015 年的调研随着研究的持续深入增添了相关问题的设计。因此,尽管两个年份调研数据整体一致,但仍存在部分指标变量难以对接的问题,书中直接表现出来的是,在农户家庭耕地利用功能和土地流转承包经营权能异质方面 2012 年相关的部分经济因素数据不全。本书仅从区域层面分析制度因素与经济因素对农户参与政策效应的影响,缺乏考虑相关经济、制度因素对耕地利用主导功能异质、土地权能异质类型农户参与政策效应的影响,未来开展的多期持续跟踪调研将会对此进行弥补。

第二章 理论基础及经验借鉴

一、农田保护经济补偿的理论基础

(一) 资源外部性理论

资源外部性概念，最早由英国剑桥大学著名经济学家马歇尔（Marshall）在 20 世纪初提出，后由经济学家庇古（Pigou）进行拓展和完善（马爱慧，2011）。资源外部性的存在引发利益主体之间边际成本与边际收益的不对等，导致资源利用不合理、环境利用效率低，此时完全依靠市场机制已经不能实现自然资源的帕累托最优。基于资源外部性的特征，经济学家从不同视角对其进行了界定。其中，萨缪尔森将其定义为某个经济主体对另一经济主体所产生的不通过市场价格进行交易买卖的外部性影响（何承耕，2007）。庇古则从受益-受损角度，对外部性进行了区分，认为现实生活中，当 A 的行为对 B 产生影响时，其他人 C 也同时受益或受损，如果 A 未从受益人那里获得补偿，也未向受害人支付任何损失，那么此时就存在经济外部性，又称溢出效应。

很显然，耕地资源具有显著的外部性特征，在市场经济条件下，耕地使用者均是理性经济人，每个理性经济人可以无偿、无限制的开发、利用耕地资源，并不断获得正效益，开发利用自然资源的过程中所产生的负效益则被逐渐分摊和遗留给后代。此时，耕地的使用者并不会积极主动的去保护人人都可以从中受益的公共产品，耕地的生态价值和社会价值也很难以货币的形式予以体现，耕地资源的生态价值以公共物品的形式被置于公共物品领域，具有显著的正外部性（马爱慧，2011）。虽然，农民能从保护耕地资源中获得一定的经济收益，但是获得的经济收益远远小于保护耕地的生态外部性所释放的外溢价值，加之农业比较效益低，以及搭便车现象的普遍存在，很多人并不愿意去承担耕地生态环境保护的成本，这也抑制了农户保护农田生态环境的积极性（马爱慧，2011）。市场机制不完善，政府无法通过价格机制来纠正公共物品付出成本与收益之间的巨额偏差，理性经济人就很难有效地对耕地资源进行保护。因此，需要借助农田生态补偿、耕地保护经济补偿等政策来实现耕地资源外部性的内在化。

（二）公共物品理论

西方经济学通过竞争性和排他性等属性，将物品分为私人物品、公共物品、公有资源物品和自然垄断物品。其中，私人物品既有竞争性又有排他性，自然垄断物品则是无竞争性、有排他性，公有资源属于有竞争性但无排他性，而公共物品既无排他性又无竞争性（孔令锋，向志强，2007；曼昆，1999）。按照萨缪尔森对于物品的定义，消费公共物品的行为并不会对他人使用和消费该商品产生影响，由于公共物品具有典型的非竞争性和非排他性，导致耕地资源利用过程中极易出现公地悲剧和搭便车现象（马爱慧，2011）。

耕地资源具有典型的公共物品属性，在特定环境下，额外增加一个单位的消费并不会导致耕地资源保护环境成本的改变。耕地使用者通过耕作来改善周围生态环境，此时改善生态环境所带来的利益是被大家所共享的，即耕地使用者通过个人行为来改善生态环境，但却无法通过组织其他人享受洁净空气的同时来使自己利益不受损，所以在自然状态下，由于耕地资源具有典型的公共物品属性导致利益主体之间边际成本与边际收益的不对等，现有市场机制并不能很好地实现耕地资源利用的帕累托最优。而公共物品所有权的非排他性，也导致现有耕地资源的过度使用和消费，降低耕地资源的利用效率，并最终导致全体受益人员的利益损失（马爱慧，2011）。由此可知，自然资源所具有的典型公共物品属性，导致其在开发利用和保护补偿过程中，需要得到更多关注。

（三）资源价值理论

资源价值包括经济价值和生态价值，经济价值是指环境产品进入市场以等价交换方式获得等额货币补偿所体现的价值，但是现实中的交换或补偿并不能完全解决环境资源的产出与补偿问题，因为现有市场中环境资源的交易价格只是体现其经济价值，而环境资源的生态价值很少有合理的框架对其进行评估和转换，所以市场交换价值往往体现的是环境资源的经济价值。资源价值的理论基础是马克思的劳动价值论，通过生产商品的必要劳动时间来对商品价值进行再定位。自然资源价值的衡量标准就是自然资源本身是否凝聚着人类的劳动成本，对于自然界原有存在、非人类劳动创造的产品，如未经开垦的土地、矿产、森林，未加保护的湿地、滩涂等，都是没有经济价值的，但是人类对耕地生态系统的保护过程附加了劳动成本，具有一定经济价值。耕地提供的生态系统服务功能，无论是否得到人类的认可，它都客观存在，都具有一定的生态服务价值，都为人类所用。因此，融入了人类劳动成本在内的自然资源保护就是资源价值理论存在的意义和体现，只有对自然资源有价值上的认识，才会在生产和生活过程中节约利用自然资源，降低公众对生态环境的无序破坏。所以，资源价值理论的研究是资源有偿使用的理论基础，积极推广资源有偿使用的价值理念，能够增加资源使用者的成本和效益观念，有利于资源的优化和节约，也有利于自然资源的保护和改善。资源价值理论是实施农田保护经济补偿的理论基础。

（四）产权理论

20 世纪 60 年代，新制度经济学的创始人科斯率先提出产权（Property Rights）的概念，"产权"一词主要是对财产使用权的概括。随后，哈罗德-阿尔钦也对产权进行了界定，产权制度是从稀缺资源方面表述人与人之间经济、社会关系的一种方式，受到法律制度的保护，具有排他性（陈昕，1994）。德姆塞茨认为产权是维持市场正常交易秩序的基础保障，是促进经济外部性内在化的一种社会工具，需要保障参与主体受益或受损的权利（陈昕，1994）。完备的产权需要包括收益权（withdrawal）、排他权（exclusion）、管理权（management）、接近权（access）和转让权（alienation）等。国内学者基于政治经济学的视角，也对产权进行概括和定义，认为产权是特定生产方式下，维护稳定的社会经济秩序，约束公众所有制关系与经济行为的一种权利集合（刘诗白，1988）。张五常（2002）从西方经济学视角，定义产权是在资源稀缺的竞争环境下，权利个体通过遵从某些竞争规则或竞争标准来获得稀缺资源的使用权利，竞争规则或标准又被称作产权，它由法律、规制、等级和社会地位来决定。

自然资源的一种重要特征就是具有供给的普遍性和资源的共享性，当周围环境改善时，环境带来的利益是大家共享的，即使周围生态环境的改善是由某个人出资完成的，他依旧无法阻止其他人来享受洁净的空气和清洁的环境，这就是公共物品的搭便车现象。搭便车现象表明由于公共物品既无竞争性，又无排他性，导致公共物品无法在有限的产权市场中进行自由的交易和互换，必须依靠明晰的公共产权市场进行交易，才能够在满足社会需求的同时提高社会整体福利。相反，不明晰的财产权利通常会导致自然资源的退化或者对其必要投资的匮乏。出于对自然资源退化与生态环境污染加剧的担忧，Bromley（1991）将产权分为国有产权、开放式产权、共有产权和私有产权 4 类。初始条件下，私人利益能够有效地保护自然资源，但产权不稳定依旧会削弱自然资源的保护力度。由于共有产权的权利受益人是一群特定的利益群体。所以，对共有产权性质的自然资源进行管理和使用的过程中，必然会限制利益集团以外的人受益于当前的资源环境（英格兰乡村，2015）。而开放式产权由于没有明确规定产权人，也进一步加剧公地悲剧现象的发生。国有产权由国家对资源实行完全控制，不需要牟利，政策本身具有强制执行能力，但政府行为同样存在局限，比如土地资源缺乏明确的价值体现，政策实施成本过高等问题，也同样会导致自然资源在保护和使用过程中的低效率。因此，产权明晰是自然资源有偿付费与保护的理论基础，需要继续关注与深入研究。

二、欧盟农田保护经济补偿政策实施成效及模式借鉴

农业生产是农户维持家庭生计的重要途径，化肥、农药的使用不可避免。但是使用化肥、农药对于乡村适宜景观和农户居住环境等生态集聚地的破坏是完全不可逆的，它不仅诱发水体富营养化，加剧土壤污染，还加速野生动植物物种的灭绝，造成全球气候变暖等严重的环境问题。因此，如何在保障农户农业生产经营的基础之上，提升农村的生态景观环境，就成为欧盟共同农业政策迫切需要解决的问题。为了保障国家的粮食安全、提高农民家庭经济收入，欧盟成员国之间联合推出了共同农业政策，用于促进成员之间在提升农业生产力水平、提高农业经营效率、增加欧盟的粮食供给、缓解国际收支平衡的同时，达到改善农村生态环境的目的。为了达到上述政策目标，欧盟从价格政策和结构政策两个方面对共同农业政策框架进行了调整和完善。价格干预是欧盟政府对农业产业实行价格调控的最直观体现，当农产品价格难以稳定、市场出现农产品供求过剩时，各成员国政府将以价格干预的形式收购农产品，稳定市场秩序，从而保障农民的切身利益。在农业生产经营过程中，结构政策则主要是从农业劳动力的年龄、农业生产规模以及农业生产要素配置等方面进行调整，改善农业生产条件和外部环境，从而鼓励更多年轻人从事农业生产，改善农业生产方式，促进农业管理的现代化。同时，还大力扶持贫困地区发展农业生产，不断提高农业环境保护的政策效率。补偿政策实施初期，共同农业政策（CAP）主要是以价格补贴为主，政策目标人群是欧盟成员国中从事农业生产的农户，整体来说，农业环境政策显著提升了各成员国农业现代化水平，提高了农业生产的效率（付岩岩，2013）。在 1965—1985 年，欧盟重要成员国农产品产量的平均增长速度超过了 1.9%，在 2011 年，农产品总产值增至欧盟成员国 GDP 的 9.1%。由此可见，农业环境政策不仅实现了欧盟成员国内部粮食产品的自给自足，保障了粮食总产量的提升，还保障了欧洲农产品交易市场的稳定，有效控制了农产品市场价格的剧烈波动，特别是在第二次世界大战之

后，欧盟内部尚未出现大规模的农产品价格波动现象，这与实施的农业环境政策是密不可分的。同时，共同农业政策也促使欧盟成为世界上最大的农产品交易组织。1986 年欧盟农产品出口总额占到世界农产品出口总额的 15％ 左右，到 2008 年，这一比例上升到 41.3％。由此可见，欧盟实施的共同农业政策在稳定农业生产、保证国家和地区之间的粮食安全、提升农户农业生产经营积极性等方面取得了显著效果。与此同时，大面积种植粮食作物也为改善农田周边生态环境起到了一定的促进作用。

为了保障农业环境政策的持久稳定，合理利用补偿资金，欧盟委员会专门成立了农业指导保障基金会，用于支持成员国之间农业环境政策的稳定发展。从图 2－1 来看，共同农业政策的投入资金占欧盟成员国 GDP 的比重很高，从 1980 年起至 2008 年止，共同农业政策预算水平超过欧盟财政预算总额的 40％。欧盟共同农业政策的财政预算去向主要有：出口补贴、市场支持、直接补贴、脱钩补贴和乡村发展等 5 种类别。其中，出口补贴、市场支持和乡村发展是自 1980 年以来一直都在推行的政策，而直接补贴则是从 1995 年共同农业政策调整之后新增的政策，脱钩补贴则是在 2005 年之后新增加的政策。欧盟的出口补贴是实施价格干预的一种有效手段，价格干预也是欧盟共同农业政策初期的价值核心，是欧盟对现代农业产业开展宏观政策调控的直观显现，欧盟依据国际农产品市场价格与欧盟地区农产品价格之间的差额对出口的农产品发放补贴，从农业政策上实现对农产品的生产、加工、销售和出口进行政府干预，从而降低市场风险，达到稳定农产品市场、保护农业发展、提高农户收入的目的。在 1992 年麦克萨里改革之后，直接补贴替代原有价格支持政策，成为农业环境政策新的发展方向，到 2014 年年底，欧盟农业环境政策的直接补贴水平已经达到标志性的 30％，成为欧盟农业补贴中最突出的部分。同期乡村发展补贴的比例也有了显著的提升，欧盟增加乡村发展补贴的目的在于鼓励农户生产更多高质量的产品来满足消费者日益增长的需求，同时鼓励农户按照欧盟的标准来生产农产品，尽可能地吸引年轻人从事农业生产活动。

共同农业政策实施以来，对欧洲农业产业的复苏，农产品价格的稳定，农产品生产、出口的控制以及欧洲经济体制一体化发展的加快都发挥了非常重要的作用。其中，Primdahl 等（2003）从农业环境政策的外在表现和政策影响两个方面对西欧农业环境政策框架的实施效果进行评价，通过对参与政策和未参与政策农场主的访谈，了解农业环境政策在限制农产主使用化肥等无机氮源、限定农场牲畜的最高饲养密度以及限制农药的使用频率等方面的显著成效，兼顾农业生产与环境保护之间的协调与统一。Claassen（2014）同样以参与政策和未参与政策的农户为例，对受保护地块上的农户的投资状况进行比较

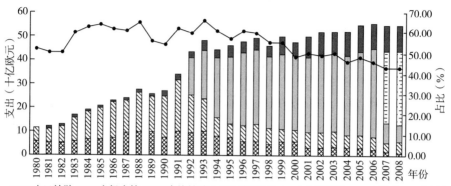

图 2-1　欧盟共同农业政策的财政预算支出

后发现，在受保护的地块上，参与政策农户的投资比例与投资力度比未参与政策农户的比例更高。此外，粮食价格、环境因素也是显著影响农户参与农业环境政策、制定环境管理决策的因素。因此，应从成本异质性和农户差异性角度有针对性地调整补贴政策，达到改善农田生态环境、提高补偿政策成本效率的目的。道德和社会价值能够影响农场主的决策，同时，政府部门也通过财政支持和技术支持等激励手段来鼓励青年农户从事农业生产，农场之间存在的空间差异性，对于激励农场主提升补偿政策的环境效应和成本效率更有成效（Mzoughi，2011；Sheeder，Lynne，2011）。陈彬（2008）对共同农业政策改革过程中，涉及的环境保护问题进行了研究，发现农业环境问题在《罗马条约》中被提及，欧盟开展共同农业政策，导致化肥和杀虫剂的广泛使用，污染居民的供水体系。之后，2000 年的改革的重点转向关注农业多功能性与可持续性就显得不足为奇了。《2000 年议程》加大了欧盟对农业环境问题的重视，为了实现农村的可持续发展，农业环境政策对生态环境脆弱地区提供农业补贴，减少无机化肥与农药的使用量，并将农产品质量和农业生态环境保护作为农业保护政策优先考虑的问题，最终确立了以农产品结构调整、农业环境保护、农村社会生产力发展为主要内容的农业环境发展政策，为欧盟农业产业发展确立了和谐、一致、可持续的发展框架。

总而言之，欧盟共同农业政策的宗旨在于深化成员国之间的农业合作，通过建立统一的价格管理制度，来维护农产品价格的稳定，推动贸易市场发展的同时，提高农民收入，改善农业生产环境（赵昌文，Nigel Swain，2001）。共同农业政策的实施通过发放乡村发展补贴来优化农业产业结构，提高农业规模化水平，而农业环境政策也历经了几次变迁，不断适应欧洲农业发展的新需求，才取得良好的政策效果，因此欧盟共同农业政策改革对我国农业环境政策机制的构建和完善也具有重要参考意义（梁芷铭，2014）。

三、美国农田保护经济补偿政策实施成效及模式借鉴

近年来，美国通过价格支持、农业保险、环境保护以及收入支持等政策对农产品贸易市场进行支持，形成了较为稳定的农业环境政策支持体系。作为世界上最大的农产品生产国和输出国，在 2012 年，美国农业产业净产值高达 3 723 亿美元，农产品出口总额为 1 448 亿美元，位列世界第一。通过减少对农产品的直接财政补贴，提升一般服务项目的支持力度，美国农业环境政策补贴力度得到稳步提高（吕晓英，李先德，2014）。当前农业环境保护政策作为美国农场法改革的重要组成部分，先后经历了两个阶段（冯继康，2007）。1985 年以前，早期补偿政策主要以提高农场主收入为基础，通过土地休耕、土地银行等方式，来减少土壤侵蚀，达到直接或间接保护农业环境的目的。美国农业环境保护政策在 1985 年之后出现了新的转折，新出台的农业环境政策正式将环境保护纳入农场法案，农业生态环境的保护成为地方政府明确要求的新目标。新农场法规定，美国农业部与符合农业环境政策要求且自愿参与项目的农户之间签订合约，提供财务和技术上的支持，帮助农场主规划落实相应的保护项目（钟方雷 等，2009），便于帮助参与者更好地管理私人土地。

自 2004 年起，美国农业部通过保护效果评估项目（Conservation Effects Assessment Project，CEAP）来对当前农业环境政策的成效进行评价，依据保护效果对项目成效进行评估，美国政府对参与政策和没有参与政策的农场主的农地保护行为有了更清晰的认识，为农业环境政策的设计、实施和后期监督管理提供了实践参考，并对已经实施的补偿政策目标进行再修正（US-DA‐NRCS，2013a；Horowitz，Gottlieb，2010）。美国农业部实施的农业环境政策加强了对当前农村自然景观格局的保护，利用保护性耕作或者土地休耕等方式，来提升农业环境政策的效果，达到改善农田生态环境、降低温室气体效应、减少碳排放、保护湿地、增加野生动物栖息地的目的（Marshall，Weinberg，2012）。

美国农业环境政策的财政预算支持主要由技术补贴、财政补贴和可偿还费用 3 部分构成，如图 2‐2 中数据所示，财政补贴一直是 3 项费用中比例最高的指标，财政补贴由 2002 年的 8.01 亿美元增加到 2014 年的 25.73 亿美元，其中 2012 年的财政补贴预算金额最高，为 28.96 亿美元，占到财政预算的 64.48%。技术补贴在 2002 年的补贴金额为 9.75 亿美元，比财政补贴的额度要高，占财政总费用的 50.43%，但随着农业环境政策的不断推进，技术补贴的增长幅度在不断缩小，到 2014 年，技术补贴预算仅有 15.19 亿美元，占财

政总预算费用的 36.63%。美国农业部现行的财政与技术支持项目主要包括：土地休耕项目、土地在耕项目、农业用地维护项目、保护技术援助项目等。

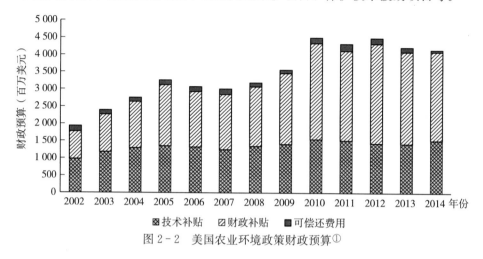

图 2-2　美国农业环境政策财政预算①

（一）土地休耕项目

土地休耕项目主要包含：休耕储备项目、农业管理资助项目和农业资源保护地役权项目等（农业部课题组，2014；王世群 等，2010）。

1. 休耕储备项目

土地休耕储备项目（Conservation Reserve Program，CRP），是美国当前覆盖度最高的资源保护项目，执行期限为 10～15 年，合约期满后土地所有者有权续约或者退出休耕计划。该项目鼓励自然条件脆弱的土地退出农业生产，并在地表覆被防止土壤侵蚀的植物，达到改善空气、净化水质的目的（王世群 等，2010）。美国农业部向参加土地休耕储备项目的农场主提供租金补贴，并适当分担执行了保护性耕作方式的农场主的农业生产成本。新法案将参与土地休耕储备项目的保护规模由 2014 年的 1.94 亿英亩逐步控制到 2019 年的 1.45 亿英亩，并同时取消牧草地保护项目，但在土地休耕项目中仍包含了退耕还林还草的面积（农业部课题组，2014）。

随着政府推行休耕政策，政策从注重防治土壤侵蚀转向整个生态系统的保护和恢复。政府利用环境收益指数（Environment Benefits Index，EBI）来综合评价退耕地产生的生态环境效益，将其作为筛选退耕地的合理指标与科学依据，这也促使 CRP 计划实施效果有了显著改善，在推出 EBI 指数之前全国只有 2% 的退耕地位于国家自然保护的优先区域，之后这一指标上升到了 15%，

---

①　http：//www.nrcs.usda.gov/wps/portal/nrcs/detail/national/programs/？cid=stelprdb1119097。

每英亩退耕地减少的土壤侵蚀数量也从 14t 上升到 15t。自 1933 年以来，美国累计耗资 330 亿美元，相当于成功将 11 亿英亩土地退耕 1 年时间，每英亩每年的平均补偿额达到 29.26 美元。

2. 农业管理资助项目

农业管理资助项目（Agricultural Management Assistance，AMA）向农场主提供资金与技术上的支持，通过对自然资源的保护和财政支持，来改善灌溉设施和管理方式，目的在于改善水质和降低风险，并不断增强湿地的保护功能。由于湿地具有非常显著的生态价值，不仅能够降低对土壤的侵蚀和破坏，还可以含蓄水源、保持水土、维护野生动植物的多样性（王世群 等，2010）。近年来农业管理资助项目的财政支出在不断增加，在 2008 年，新农场法案中登记参与该项目的农地面积达到 304 万英亩，比 2003 年增长了 74 万英亩。每个法人参与这个项目都可以获得不超过 50 000 美元的补偿，申请的土地类型包括农用地、非工业用途私人的森林或者其他产出农作物的土地，已经在美国 16 个州展开。

3. 农业资源保护地役权项目

农业资源保护地役权项目（Agricultural Conservation Easement Program，ACEP）是对已经颁布的农地、湿地和牧草地保护项目的重新整合。新颁布的农业资源保护地役权对于保护农业用地和湿地以及提供相关利益的农户，提供财政和技术上的支持，在美国农业地役权的框架下，美国农业部帮助印第安部落、州和当地的政府以及非政府机构去保护在耕土地和少量非农用地。目的是为了提高公众福利，包括改善环境质量、文化名胜的保护、野生动物栖息地的保护以及提供开敞空间。项目建立了两种地役权的保护：一是湿地地役权的保护，主要目的在于维护和改善湿地及其周边的生态环境；二是农地地役权的保护，政策目标在于防范高标准建设农田或者牧草地转为非农用途（农业部课题组，2014）。其中，农地地役权的又分为永久地役权、30 年期地役权和任期地役权，其中参与永久地役权的农场主，美国农业部对地役权价值进行 100% 的补偿，同时额外补偿恢复成本的 75%～100%；参与 30 年期地役权的农场主，农业部对地役权价值提供 50%～75% 的补偿，同时额外补偿恢复成本的 50%～75%；参与任期地役权的农场主，依据所在州法律规定的地役权项目的最大值进行登记，并对任期内的地役权价值进行补偿，同时额外补偿恢复成本的 50%～75%。项目对于参与申请的土地类型无特别限制，农用地、湿地、牧草地、干草地和非工业性质的私人林地均可参与。

（二）土地在耕项目

土地在耕项目是针对在耕土地实施的农田环境保护补偿政策，主要包含环境质量激励项目、资源保护管理项目 2 个类别。

1. 环境质量激励项目

环境质量激励项目（Environmental Quality Incentives Program，EQIP）于 20 世纪 90 年代中期开始实施，并在 21 世纪初得到美国农业部的大力支持，经过 20 多年的发展，EQIP 已经逐步成为美国规模最大、民众参与度最高的在耕土地保护项目（王世群 等，2010）。项目通过与农场主签订合约并支付一定补偿资金的方式，鼓励农场主采取环境友好型耕作方式，改善水质和空气质量，储存地表和地下水，降低土壤沙漠化、盐碱化，为野生动物提供更多栖息地，并传递生态环境福利。项目资金用于帮助生产者在耕种中的土地上开展资源保护措施，帮助农场主去满足联邦、州、印第安部落和当地政府对土地用途管制的限制。同时，美国农业部取消了野生动物栖息地保护项目（WHIP），但是地方政府仍在 EQIP 项目中预留了 5% 的资金用于野生动植物栖息地的保护。2010 年 EQIP 项目的财政预算为 12 亿美元，覆盖约 9 955 万英亩的土地（农业部课题组，2014；王世群 等，2010）。新法案中 EQIP 项目合约期限为 5 年，已在美国 50 个州展开，在 2014—2018 年项目实施期内，参与项目的农场主每年能够从政策中获得 4.5 万美元以上的经济补偿。

2. 资源保护管理项目

资源保护管理项目（Conservation Stewardship Program，CSP）不同于环境质量激励项目（EQIP），该项目是对履行合约且表现良好的农场主进行补偿，即项目帮助农场主维护并提升现有农场的生态环境系统，农场主通过额外的保护表现来赢取 CSP 项目更多的资助，且表现越好，补偿越高。同时，CSP 合约提供两种支付方式，一种是维持现有合约，一种是不断更新合约，如果生产者在一年内满足既定的合约，并且实现额外的保护目标，就可以更新合约，获得额外补偿。资源保护管理项目的补偿标准取决于地方土地租金水平以及农场参与保护的程度，合约期限为 5 年，2014—2018 年的合约期内，每个农场主或合法法人每年可以收到不超过 20 万美金的财政补偿。2010 年项目的财政预算为 4.47 亿美元，各地区共覆盖 7 769 万英亩的土地（王世群 等，2010）。参与私人土地或部落的农用地，包括农田、草地、牧场、非工业性质的私人林地均可参与项目的申请，该项目已在美国 50 个州展开。

（三）农业用地维护项目

农业用地维护项目主要有农牧地维护项目、草地储备项目 2 类。

1. 农牧地维护项目

农牧地维护项目（Farm and Ranch Lands Protection Program，FRLPP）

通过购买农地发展权（Development Right）的方式来限制农地用途的转变，主要针对城市土地的流转与用途的改变。农牧地项目虽然没有显著增加农业环境的收益，但是购买农地发展权等方式仍旧能够保留现有土地的农业用途，从而有效维护和改善当前农业生态环境。农牧地维护项目的经费主要来自各级政府的地方财政收入。自 2008 年农场法改革以来，2009—2014 年，农牧地维护项目累计获得大约 7.43 亿美元的财政支持（王世群 等，2010）。

2. 草地储备项目

草地储备项目（Grassland Reserve Program，GRP）于 2003 年开始颁布实施，在维持地块用途不变的同时，鼓励农场主逐步恢复和改善草地周边的生态环境。项目资金主要由美国农业部自然资源保护处以及相关部门来共同承担。2010 年，草地储备项目的预算资金总额为 5 400 万美元，大约覆盖全美 1.88 亿英亩的草地，除了资金支持，美国农业部下设的农场服务局还为参与草地储备项目的农场主提供技术支持和帮助（王世群 等，2010）。

（四）保护技术援助项目

保护技术援助项目主要针对农场主提供必要的技术支持。农场主通过接受保护技术，来改善灌溉设施和管理方式，目的在于改善水质和降低风险，达到保护自然资源的目的。该项目不提供资金援助，但是可以通过评估现有农场的保护现状、制定相应的计划，来帮助农场主获得更多其他项目的资金支持。保护技术援助项目在 16 个州实施，农用地、非工业用途私人的森林或者其他产出农作物的土地均可参与申请，2010 年项目预算约 7.41 亿美元。总体来讲，新农业法案更加注重因地制宜地发挥和保护现有自然资源，从而保证实施的政策项目具备更大的灵活性、责任性以及适应性。在侵蚀风险较高的土地和湿地上，新农业法案还尝试激励更多农业生产者和农业合伙人通过参与保护技术援助项目，将更多的作物保险补贴与资源保护项目的激励相融合，设计更符合农场主自身情况的环境保护激励项目。

对当前美国农业部现行土地休耕项目、土地在耕项目、农业用地维护项目、保护技术援助项目等 4 种政策的分项财政预算进行统计。补贴最高的是环境质量激励项目（EQIP），在 2002—2014 年的财政补贴中，EQIP 项目从 2002 的 3.56 亿美元增加到 2014 年的 9.58 亿美元，增长了 1.69 倍。其次是自然资源保护性补贴（CTA），在 2002 年，CTA 的补贴支出为 8.09 亿美元，到 2014 年减为 7.13 亿美元，自然资源保护性补贴支出在已实施的十几年内没有显著的波动。由此可知，美国农业部对农业环境保护的财政投入一直在不断延续。

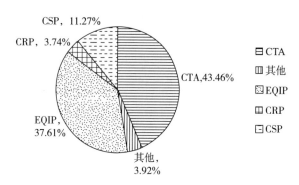

图 2-3　美国农业环境政策的资金分配（2005—2013 年）[①]

美国农业部现行农业环境政策较多，各项政策的补偿目标和关注点也存在差异，单位面积土地获得的补偿资金与分配比例也不一致（图 2-3）。总体来看，单位面积土地上获得的自然资源保护性补贴（CTA）的比例最高，占到补贴金额的 43.46%；其次是环境质量激励项目（EQIP），比例占到 37.61%；资源保护管理项目（CSP）的比例为 11.27%，列在第 3 位；土地休耕储备项目（CRP）的比例为 3.74%，其他项目占总支出的 3.92%。

综上所述，美国联邦政府每隔 5 年对农业环境政策进行适度调整，通过增加专项农业环境政策补贴，来推动农业环境的保护（冯继康，2007）。在 2002 年农场法案颁布之后，美国对农业生态环境的保护和激励强度也在进一步加强，不仅延续了 20 世纪 90 年代初农业法中约定的 666 亿美元的农业补贴份额，还新增 171 亿美元的农业生态环境保护补贴，这一补贴资金在 2007 年增至 220 亿美元（程宇光，2010）。虽然美国农业环境补贴在农场保护、商品计划方面属于"黄箱"政策，但在农业生态保护、农村发展等方面仍属于"绿箱"政策范畴。美国推行的农业环境政策为发展中国家农业生态环境的可持续发展提供了经验借鉴与参考依据。

四、英国农田保护经济补偿政策实施成效及模式借鉴

英国土地以私有制为主，剩余少量公有土地被森林委员会、国家基金和国防部等政府机构所拥有，其中森林委员会拥有 $1.02 \times 10^4 \mathrm{km}^2$ 的土地，占英国土地总量的 4.2%；国家基金拥有 $2.50 \times 10^3 \mathrm{km}^2$ 的土地，占英国土地总面积的 1%；国防部拥有 $2.50 \times 10^3 \mathrm{km}^2$ 的土地，约占英国总领土的 1%，剩余 93% 以上的土地归大农场主私有。英国土地中超过 60% 的地块面积小于

---

① http://www.nrcs.usda.gov/lnterner/NRCS_RCA/reports/cp_nat.html.

0.2km²，这部分地块的总面积约占英国土地总面积的 5%。英国土地的私有制很大程度上造成了土地信息的缺失。20 世纪初，农场主以承租方式持有农业用地的比例最高，占总量的 88%，随着农业环境政策的不断推进，承租土地的面积和比例也在不断下降，到 2014 年，农业用地承租给他人使用的比例降至 32%，总的来说，承租土地的比例在下降，业主自用比例在不断上升，大部分私有土地的农场主愿意积极地参与到农业环境保护政策中来，也表明英国实行的农业环境政策在保护农户种植积极性方面起到了一定的政策效果。除了私有土地，如今的英国仍保留一定数量的公地，这部分公地主要分布在山坡上，并在提高环境质量、景观风貌和对公众开放等方面发挥着重要作用。在英格兰和威尔士大约还有 5.50×10³km² 的公地，主要分布在高地地区，这部分比例占土地总面积的 14%，公地被认为是具有特殊科学价值的土地。在 21 世纪初期，大约有 55% 的英格兰公地因疏于日常管理，面临着衰败的迹象，因此英国公共事业管理协会曾提出到 2010 年要将 95% 的具有特殊科学价值的公地转变为优良状态的可耕作土地。

英国现行的农业环境政策主要有农业环境计划、环境敏感地计划、乡村资助计划、环境管理计划等 4 类。

1. 农业环境计划

引进农业环境计划（AES）的目的是为了对特定地区开展农业生产实践，其界定产权的方式通常采用"提供者获取"与"自愿"原则。通过农业环境计划来减少农产品的产出量，成为潜在节省欧盟共同农业政策（Common Agricultural Policy，CAP）财政预算经费的一种有效方式。执行农业环境计划是基于一种"环境合同"的方式。环境合同是一种政府部门和民间个体之间自愿达成的一种协议，在这种协议下，农民要么保证严格遵循合同中规定的行为避免对环境造成破坏，要么采取某些指定有助于改善农业生态环境的行为，作为履行合同的回报，农民将会收到来自环境部门的财政补贴。

2. 环境敏感地计划

1986—2004 年，英国划定了不同重要等级的国家级环境保护区，采用自愿参与方式加入环境敏感地计划（ESAs）。由于施用化肥农药等农业种植会对环境保护区内的环境质量造成很大的影响，所以签署的环境合同中详细规定了土地使用的管理要求。通常合同期限为 10 年，合同协议中每公顷的补贴标准为 20～400 英镑。在英国，有 22 个省份已经实施 ESAs 计划。所有 ESAs 计划的参与者严禁将草地转换为耕地，并且严格遵守可使用的化肥等化学制品的数量限制。

由于信息不对称等问题的存在，ESAs 计划在执行的过程中遇到许多问题，这也影响到补偿政策的实施成效。首先，参与计划的农户中存在"反向选择"的问题,农民比政府部门更了解自己土地的实际情况,所以针对那些可以通过对土地做最小程度改变来满足环境合约要求的农民,会更倾向于加入 ESAs 计划,但是这部分农户在对土地进行改变的过程中,对于生态环境效益的改善是非常微小的,也就是存在的隐藏信息问题;其次,"道德危机"(Moral Hazard)问题,政府对于农户是否履行合同中规定的条款并付出相应的政策执行成本,如果政府对补偿政策的监管力度不够,且农户又不自觉履行合同条款,那么农户就具有欺骗的动机,造成政策的低效率。

3. 乡村资助计划

乡村资助计划(CSS)最早在 1991 年建立,CSS、AES 项目与 ESAs 项目最大的区别在于,前者并没有划分特定的区域,CSS 项目的目标在于改善英国农地的生态环境价值、提升环境品质(如栖息地、公共开敞空间的可达性),后者则恰好相反,明确划定了可参与政策的区域。在 1996 年,英国的农业环境政策框架将政策的保护目标扩展到土地的生态景观,包括农业规划中对传统意义上的沟渠的复垦。截止到 2005 年,英国有 1.67 万个农户参与到 CSS 项目中,参与土地总面积超过 5 312.80km²。项目采用自愿加入的方式,参与项目的协议与当地的具体生态环境情况相一致,且补偿方式与补偿标准之间也要统一。

英国农业部(Department for Environment,Food & Rural Affairs,DEFRA)具有自由裁量权决定是否接受申请者参与到 CSS 项目中来,自由裁决通常以农户参与政策所提供的最大收益作为优先权进行排序。图 2-4 中是参与 CSS 项目的土地利用类型所占的比例。其中,石楠灌木与低地牧草地的比重最高,分别占到 CSS 项目总量的 30% 和 28%,其次是高地牧草地的比例较高,约占 16%,耕地的比例仅占 CSS 项目土地总量的 6%,不同土地利用类别对于生态环境改善作出的贡献也存在差异。

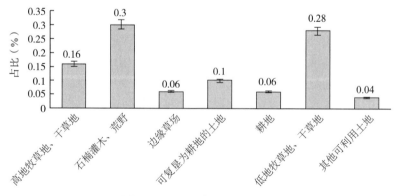

图 2-4 土地利用类型及占比

参与ESAs项目和CSS项目的合约土地数量如图2-5所示。截止到2004年，参与ESAs项目的土地有6 500km²，占英国农业用地总面积的7%；参与CSS项目的土地占全国农业用地总面积的5.8%，共有5 306km²。CSS项目的实施期限从1991—2004年，在2005年CSS计划被环境管理方案（ESS）所取代。在1994—2005年，参与ESAs项目的土地数量非常多，增长幅度显著，1989年参与政策的合约土地数量为3 712km²，到2005年增加到6.57×10⁴km²，增长了17.7倍。CSS项目则是从1992年才缓慢开始兴起，到2005年参与合约的土地总量达到最高峰，1992—2005年，参与合约的土地数量增加了21.59倍。

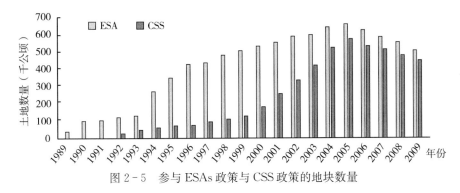

图2-5　参与ESAs政策与CSS政策的地块数量

4. 环境管理计划

环境管理计划（ESS），作为新农业环境政策的一部分，主要关注生物多样性与自然资源的保护，同时注重土地景观质量和品质的提升（Natural England，2011）。ESS最早是在2005年开始实施，对英国农户和土地管理者而言，ESS项目是全面开放的，截止到2013年，项目覆盖率已达到70%以上（Natural England，2008）。ESS项目主要包含入门级管理计划（Entry Level Stewardship，ELS）、高级环境管理计划（High Level Stewardship，HLS）两类。

入门级管理计划（ELS），通过对英格兰土地的管理，实现基本环境的改善；ELS项目共包含大约80个单项管理项目，如：低投入草地、高地放牧管理、灌木篱墙管理、缓冲草带、冬季碎秸、石墙维护、传统农场建筑维护等。计划采用精简管理原则，每个选项有对应分值，每公顷土地累计需满足30分。总体而言，申请加入ELS项目的申请者需自行准备包含地区特征在内的农场环境记录，ELS项目对所有申请农户而言都是开放的，这也导致计划本身存在一些缺陷，如参与者与政府之间因"信息不对称"所造成的"反向选择"（Adverse Selection）风险，存在政策的过度补偿而使补偿政策实施成效不明显等无谓损失。因此，急需建立明确的保护政策框架，提高补偿政策效率（Davey，2010；Garrod，2012）。

　　高级环境管理计划（HLS），是建立在入门级管理计划的基础之上，主要目标在于增强农田生态景观的质量，保护野生动物、保护历史环境、提高公众的理解性，以达到保护自然资源环境的目的。HLS计划是一个竞争性的框架，以英格兰110个地区为主要补偿区域，政策目标是对110个区域内环境获益的最大化（Natural England，2011）。高级环境管理计划项目实施过程中，更加重视政策实施效果的反馈，即"怎样证明政策是有效的"（Ewald，2010；Field，2011）。现行高级环境管理计划合同期限通常为10年，项目的财政预算为2 600万英镑，补偿支付标准是依据管理原有土地的机会成本来确定。

　　综上所述，英国在欧盟共同农业政策的基础之上，先后推出了农业环境政策、环境敏感地计划等项目，目的在于提升农田质量、改善自然资源环境、维护农田生物物种的多样性。后期不断跟进的ELS计划、HLS计划等环境激励政策也以生态环境保护为目标，促使农民选择有利于提升农田生态环境保护效率的农业管理技术，选择最佳耕作模式，达到保护农业生态环境的目的。

第三章　研究区域及调研设计

一、研究区域选择及比较

20 世纪 80 年代之后，为了应对生态环境恶化的迫切需求，我国政府也相继出台了一系列农业环境保护政策，针对耕地、水资源、森林草原、湿地滩涂等生态脆弱地区开展生态保护与补偿工作。

（一）区域选择依据

农田保护补偿实践创新模式及政策如雨后春笋般在全国各地开始推广试行，但从整体来看，农田保护经济补偿政策在我国起步较晚，主要在经济相对发达的地区展开。东部地区的江苏省苏州市，上海市闵行区和松江区，广东省佛山市，浙江省临海市、海宁市、慈溪市等地已经实施，西部地区在四川省成都市也已展开试点。其中，成都市于 2008 年率先建立耕地保护基金，通过购买养老保险和农业补贴的方式激励农户主动承担耕地保护责任，至今成都地区耕地保护补偿政策已经实施了 8 年（卢艳霞 等，2011）。广东省东莞市也在 2008 年对全市的连片基本农田，经济发展水平相对落后的村集体统一发放财政补贴，激励农户和村集体积极参与农田生态环境保护。随后，2009 年广东省佛山市在南海区试点的基础上，于 2010 年 4 月开始在全市范围内推行基本农田生态补贴（卢艳霞 等，2011）。上海市于 2009 年 10 月印发《上海市建立健全生态补偿机制的若干意见》，将基本农田、生态公益林、水源地等划入上海市生态补偿机制的统一补偿范围，在浦东新区、闵行区和松江区等区县开展试点，对承担生态保护责任的农民和村集体给予适当奖励。江苏省苏州市在 2010 年出台了《关于建立生态补偿机制的意见（试行）》条例，把基本农田纳入生态补偿机制的重点范围，由地方政府通过财政转移支付的方式，对因保护自然资源而在经济发展上受到限制的地区及个人给予一定的经济补偿。此外，浙江省还建立了包括海宁市在内的 3 个国家级农田保护示范区,规范化地开展实施农田保护补偿试点工作(卢艳霞 等,2011)。其中,嘉兴市也在 2013 年逐步建立耕地保护补偿机制,目的在于通过经济激励的方式调动村集体和农户参与耕地保护的积极性。由于成都地区和苏州地区分别于 2008 年、2010 年在全国率先开展试行农田保护经济补偿政策,政策期限相对较长,政策进展相对稳定,为探索农户参与政策的响应状况及政策成效提供了充分的分析条件;同时,苏州市位于东部沿海中心地带,成都市位于西部成都平原腹地,两个地区既是我国率先实施农田保护经济补偿政策的典型区域,具有地理位置上的特殊性,又在自然和社会经济条件方面存在显著差异,具有一定的典型性与代表性,由此导致农民生计方式及农地依赖度也会有所不同,因此本书以苏州市和成都市两个典型创新实施地区为研究实例,从区域异质、农户在耕地利用功能及土地权能上的差异等多维视角来评价农户参与农田保护补偿政策实施效应及影响因素方面存在的显著性、差异性,并提出调整农田保护经济补偿政策效应研究的制度框架与指导建议,为提升农田保护补偿政策效率提供实践参考。

(二)研究地区自然资源禀赋比较

1. 苏州市自然资源禀赋

苏州市位于江苏省东南部,长江三角洲与太湖平原交汇处,东经 $119°55'\sim121°20'$,北纬 $30°47'\sim32°02'$,东邻上海,西近太湖,南靠嘉兴,北接长江,地理位置优越,是江苏省经济发展的重心,也是东部地区最有经济活力的城市之一。

(1)耕地资源分布现状

苏州市位于长江三角洲的中心地带,全市土地总面积 8 487.82km²,占江苏省土地总面积 7.95%。其中,农用地 3 666.51km²,占土地总面积 43.20%,建设用地 1 669.90km²,占 19.70%,其他土地 3 151.41km²,占 37.10%[①]。苏州市农用地中包含耕地 2 453.45km²,占农用地总面积的 66.92%;园地 247.73km²,占农用地的 6.76%;林地 112.48km²,占农用地的 3.07%;牧草地的数量最少,仅为 0.002km²;其他农用地 852.84km²,占农用地的 23.26%。苏州地区粮食总播种面积为 1 546km²,高效农业面积 1 246km²,设施农业面积 233km²,生态林地面积 520km²。2014 年年底,除去生态公益林和生态湿地的面积,全市新增高标准农田 62km²,累计面积

---

① 《苏州市土地利用总体规划(2006—2020 年)》,苏州市人民政府,2012。

1 055.8km²[①]。

（2）苏州市地理特征

地貌类型以平原为主。

苏州地区地势西高东低，地貌特征以平缓平原为主，低丘岗地为辅。全市占地面积 8 487.82km²，其中，平原地带分布比较集中，面积达 4 213.39km²，占市辖区总面积的 49.64%。水域面积 3 608.2km²，占比 42.51%；城市建成区面积为 441.03km²，占比 5.20%；丘陵面积 225km²，占总面积的 2.65%。苏州地区平均海拔高度为 100～300m，平原地区主要分布在西部山区和太湖周边岛屿附近。

江河纵横、湖泊密布、农作物资源丰富。

苏州市地处长江中下游腹地，雨水资源丰富。全市横纵交替河道 2 万多条，最著名的是京杭大运河，市内河港交错，长江及京杭大运河贯穿整个市区，大小湖泊 300 多个，其中，最著名的湖泊有太湖、阳澄湖、金鸡湖、独墅湖等。太湖水向北汇入长江，后经黄浦江入海；运河水由西入望亭，南出盛泽，形成著名的"三江"，今由黄浦江东泄入江，由此形成苏州市的三大水系。苏州地区水网密布，土质肥沃，主要种植作物有小麦、水稻、油菜，盛产棉花、林木，素有"鱼米之乡"之称，农业产业发达。

2. 成都市自然资源禀赋

成都市位于四川省中部，东经 102°54′～104°53′、北纬 30°05′～31°26′，全市东西绵延 192km，南北横跨 166km，东临遂宁市，西与阿坝藏族羌族自治州与雅安市接壤、北临德阳市、南接资阳市。成都市地处四川盆地的核心区域，属于典型的内陆地带。

（1）耕地资源分布现状

成都市是西部重镇，全市土地总面积 12 163.16km²，其中农用地 9 629.51km²，占全市土地总面积的 79.17%；建设用地 1 881.41km²，占 15.47%；其他土地 652.24km²，占 5.36%。在农用地中，耕地 4 247.48km²，占比 34.92%；园地 874.36km²，占比 7.19%；林地 3 221.99km²，占比 26.49%；牧草地 155.38km²，占比 1.28%[②]；其他农用地 1 130.30km²，占比 9.29%。其他土地中，水域 320.23km²，占土地总面积的 2.63%；预留的土地面积为 332.01km²，占成都市其他土地总面积的 2.73%[③]。在"十二五"规划期（2011—2015）内，成都市率先被设立为国家现代农业示范区，累计建成具有

---

① 《苏州市"十二五"现代农业发展规划》，苏州市人民政府，2011。

② 《成都市土地利用总体规划（2006—2020 年）》，成都市人民政府，2012。

③ 《成都市国家现代农业示范区建设规划（2011—2015 年）》，成都市人民政府，2011。

特色的、标准化、规范化的产业基地 230 个，建设高标准农田 6 666.67km²，累计投资 105 亿元。

（2）成都市地理特征

地貌类型复杂多样，以平原、山地和丘陵为主。

成都地区地处四川盆地北部，依据地貌特征可分为平原、丘陵和山地。全市面积 12 163.16km²，土地资源类型多样，地势由西北向东南倾斜，地貌特征差异显著。隶属四川盆地的西部边缘地区，以山地为主，海拔在 1 200～3 200m 之间，相对高度在 1 200m 左右。成都市内山地面积 4 004.39km²，占比 32.3%；丘陵面积 3 421.71km²，占比 27.6%；成都地区是四川盆地的腹地，全市平原面积为 4 971.4km²，占成都市土地总面积的 40.1%，平原地区地势平坦，土质肥沃，土层深厚，垦殖指数高。

江河纵横、土壤类型丰富。

成都市地处四川盆地与川北高原交接过渡地带，河网密度大，有岷江、沱江等 10 余条干流、支流穿城而过，河流纵横，沟渠交错，加之著名的都江堰水利工程，库、塘、堰、渠星罗棋布。成都市有效的农业灌溉面积达 34.5 万 hm²，全市水资源总量折合 161.5 万 kW。成都地处长江中上游地区，水量丰沛，水质优良。成都市土壤肥沃，质地深厚，气候温润，灌溉便捷，全市可利用土地面积达 94.2%，土地垦殖指数高，全市土地垦殖率在 38.22% 以上，平原地区土地垦殖率在 60% 以上。

（三）研究地区社会经济状况比较

苏州市下辖姑苏区、相城区、虎丘区、吴江区、吴中区、高新区 6 个区，张家港、太仓、常熟、昆山 4 个县级市，共 40 个街道、55 个乡镇。截止到 2014 年年底，全市常住人口已达到 1 059.1 万，同比上涨 1.23 万。其中，户籍人口 661.08 万，同比增加 7.24 万。户籍人口自然增长率 4.96‰，同比上涨 1.44‰。

"十二五"规划发展期间，苏州市着力构建"四个百万亩"的产业布局，重点推进优质水稻、特色水产、高效园艺、生态林地等特色主导产业的规划，注重现代农业产业发展，推动区域主导产业效能的提升。2014 年，全市地区经济生产总值为 13 761 亿元，同比增长 8%；苏州地方公共财政收入达 1 443.8 亿元，同比增长 8.5%，其中税收收入是地方公共财政预算收入的最主要部分，占比达 86.2%，比上年提高 0.7%；全社会固定资产投资 6 230.7 亿元，增长 3.8%。地区人均生产总值达 12.75 万元。地区公共财政预算支出为 1 304.5 亿元，比上年增长 7.6%。苏州地区以第一产业为基础发展平台，注重现代农业产业的发展，发挥主导产业优势。截止到 2014 年年底，苏州市农业生产总值占到地区生产总值的 2.84%。第二产业以稳中略增为主要发展目标，注重工业产业的平稳提升与发展。

"十二五"规划发展期间，成都市坚定不移地实施城乡统筹、"四位一体"的科学发展战略，大力推动以"六个一体化""四大基础工程""三个集中"为核心内容的城乡一体化战略，探索新型工业化、新型城镇化、农业现代化联动发展的现代化农业乡村发展道路，建设形成具有城乡一同发展、共同繁荣的新格局。2014年，全市实现地区经济生产总值 10 056.6 亿元，比上年增长 8.9％。其中，第一产业同比增长 3.6％，实现增加值 370.8 亿元；第二产业同比增长 9.8％，增加值为 4 561.1 亿元；第三产业同比增长 8.6％，增加值达 5 124.7 亿元。按常住人口计算，人均生产总值为 70 019 元，增长 8.0％ (2014 年成都市国民经济和社会发展统计公报，2014)。三种产业占比关系为 3.7％∶45.3％∶51.0％。年末粮食生产总量达 3 387.10 万 t，农村人均纯收入为 7 895 元/年。成都市地方财政收入 1 025.2 亿元，比上年增长 14.1％；其中税收收入同比增长 16.4％，为 774.9 亿元。全年公共财政支出 1 340.0 亿元，同比增长 15.3％ (2014 年成都市国民经济和社会发展统计公报，2014)。到 2015 年，农业增加值由 2010 年的 285 亿元提高到 340 亿元，乡村旅游收入占全市旅游收入的 35％，达到平稳发展状态。

二、研究区域补偿模式比较

(一) 苏州市农田生态补偿模式

2010 年 7 月苏州市建立生态补偿机制，将基本农田、水源地、生态公益林、重要湿地一起纳入生态补偿的范畴，通过专项生态补偿资金，对承担农田保护责任的乡镇政府、村委会和农户给予经济扶持。农田生态补偿政策对因保护生态环境而使经济发展受限的地区发放直接经济补偿，其目的在于均衡生态脆弱地区经济发展的公平性，并提升地方政府参与农田生态环境保护的综合实力，促使各市县之间能够均衡发展。苏州市"十二五"规划，明确以生态、生产、生活、生物功能定位为导向，不断优化产业结构，创新农田生态补偿机制，推进农田生态环境保护新局面的开展。截止到 2014 年，苏州市内亩均净效益在 2 200 元以上的规模化水稻田的比例占到总播种面积的 55％以上，农田种植面积的稳定与粮食作物净效益的提升有效改善了农户家庭收入水平。苏州市连续 4 年、每年安排 4 000 万元专项资金用于农村生产条件与生活环境的改善。不同规模的基本农田实施差别化的补偿标准，其中，基本农田按照 6 000 元/hm² 的标准发放农田生态补偿。水稻主产区内，集中连片面积在 1 000～10 000 亩之间的水稻田，按 3 000 元/hm² 的标准发放农田生态补偿；集中连片面积在 10 000 亩以上的水稻田，按 6 000 元/hm² 的标准予以农田生态补贴。

农田生态补偿资金主要由苏州市政府与下辖区政府的财政预算来共同承担（毛良祥，2013）。

（二）成都市耕地保护基金模式

成都市于2008年1月颁布了针对农村土地和房屋产权制度改革指导意见[①]，规定每年从市、区（市）县两级新增建设用地使用费，从市、区（市）县两级财政的土地出让收入中提取一定比例的资金，设立耕地保护专项基金，对于拥有土地承包权并承担保护耕地责任的农户予以经济补偿，补偿资金主要用于承担参与耕地保护政策农户的养老保险。2008年7月10日，成都市正式下发《耕地保护基金筹集与使用管理实施细则（试行）》[②]，提出为承担保护责任的农户购买农业保险和养老保险，建立耕地保护补偿机制，提高农民参与耕地保护的积极性与主动性。补偿资金主要发放给承担耕地保护责任的农户和村集体经济组织。土地经营权的流转并不影响耕地保护基金的发放（李广东 等，2010；高魏 等，2012）。基本农田与一般耕地的补贴标准分别为6 000元/hm² 和4 500元/hm²，有相应增长机制。参与耕地保护基金的农户、村集体需承担保护耕地的责任，不得肆意破坏耕地、弃耕抛荒、不得随意转变土地用途。据统计，成都市全市共有19个区（市）县内的2 661个村183万农户受益，涉及耕地总面积约5 066.66km²。按照基本农田6 000元/hm²、一般耕地4 500元/hm²的补贴标准，成都市每年发放的耕地保护基金在28亿元左右，其中市、区（市）县各筹集14亿元（毛良祥，2013）。

（三）创新实践地区补偿模式比较

苏州地区农田生态补偿政策与成都地区的耕地保护基金政策在补偿客体与补偿标准之间存在一定差异性（如表3-1所示）。苏州农田生态补偿政策着重生态环境的保护与改善，补偿客体相对更宽泛，除了基本农田，还包括生态公益林、湿地和水源地的保护。而成都地区耕地保护补偿政策注重耕地数量保障与质量的提升，补偿客体主要包括水田、旱地、菜地等在内的耕地。苏州地区生态补偿政策除了对村集体和农户有专门的补偿，对由于承担农田生态环境保护责任所导致经济发展受到限制的村庄，或者是经济较为贫困的乡镇政府、村集体，苏州市政府还专门筹集专项资金用于缩小区域收入差距及农田生态环境的保护性补贴。

---

① 《关于加强耕地保护，进一步改革完善农村土地和房屋产权制度的意见》，四川成都市人民政府，2008。

② 《耕地保护基金筹集与使用管理实施细则（试行）》，四川成都市人民政府，2008。

表 3-1　苏州和成都农田保护经济补偿模式比较

补偿模式	苏州农田生态补偿模式	成都耕地保护基金模式
补偿主体	市级人民政府	市级人民政府
补偿客体	基本农田、水源地、生态湿地、生态公益林	耕地（含水田、旱地、菜地及可调整园地）
补偿对象	直接承担生态保护责任的乡镇政府、村委会、农户	拥有土地承包权并承担相应保护责任的农户、村集体经济组织
补偿标准	基本农田、连片水田：6 000 元/hm² 一般耕地：3 000 元/hm²	基本农田：6 000 元/hm² 一般耕地：4 500 元/hm²
资金来源	市、区两级财政预算支出、土地出让金、上级财政补助等多种渠道（毛良祥，2013）	市、区（市）县两级财政每年新增建设用地有偿使用费、每年一定比例的土地出让金
资金用途	全部由农户自主决定	承担耕地保护责任农户的农业保险、养老保险，其中，农业保险补贴占 10%，农户养老保险补贴占 90%
政策目标	1. 对基本农田、生态湿地、生态公益林的保护情况进行监督、考核，重点加大对水稻田的保护与监管力度； 2. 发挥市场机制，动员公众积极参与农田生态保护，坚持生态优先，注重生态系统的自动改善与恢复； 3. 统筹协调发展，通过生态补偿，增强农户保护生态环境的能力，保障区域公平发展	1. 通过经济手段，调动农民保护积极性，将农户保护耕地的面积、责任与耕地保护资金相联系； 2. 耕地保护责任人应当与地方政府签订耕保合同，确认耕地保护的责任及义务； 3. 对未履行耕保责任、非法变更耕地用途的农户，地方政府应停发耕地保护补贴

　　苏州地区和成都地区补偿政策的实践模式中，补偿客体、补偿标准、资金来源和资金用途等方面存在一定差异。为了更好地评价农户参与农田保护经济补偿政策的实施成效，需要对补偿政策的目标有更加清晰的认识。苏州地区农田生态补偿政策的主要目的是为了加大补偿客体参与农田保护的力度，特别是对连片水稻田的保护，调动公众参与农田生态保护的积极性，促进生态环境的自然修复。成都地区的耕地保护基金补偿政策则更加注重对地块与农户种植行为的约束，通过经济补偿，提高农户耕地保护的积极性，强调耕地保护规划指标的落实，保证耕地数量的稳定。

三、调研设计及样本特征

（一）调研设计

1. 调研内容
依据苏州市委、市政府关于建立生态补偿机制政策的政策意见和苏州市生态补偿资金的管理办法，以及成都市委、市政府关于建立耕地保护补偿机制与资金筹集使用管理办法等的文件精神，结合农田保护经济补偿政策的具体情况，设计调研问卷，主要包括9个部分。

第1部分是对受访村庄资源禀赋及社会经济状况调查，从村庄的区位特征、交通条件、交通便捷程度、村庄经济发展状况、公共基础设施、村庄主导产业类型、规模化产业的发展程度、村庄土地流转情况等方面考虑。

第2部分是对受访农户家庭农业经营状况的调查，主要针对农田保护补偿政策实施前后农村土地抛荒情况、家庭农业种植情况以及农业生产效益和农业投入成本的调查。此外，调研问卷对受访家庭口粮、蔬菜等农副产品的自给化水平、农田细碎化程度也进行了量化。

第3部分是对受访农户家庭的人口分布情况进行统计，包括受访农户的个人特征、职业类型、兼业程度、经济收入情况等。

第4部分是对受访农户的家庭收入与生活开支情况的调查，细化受访农户的家庭收入与生活开支构成。

第5部分是调查受访家庭生计资产状况，包括农户家庭物质资产、金融资产、心理资产、社会资产等，同时对村庄住房情况、村庄基础设施情况及农户家庭能源消费状况进行调研。

第6部分是调查农户对农田保护经济补偿政策的认知，包括农户对农田生态系统在改善环境品质、调节区域气候、维护生物多样性、提供休闲旅游场所等方面的认知，以及农田数量与质量变化对农户家庭生活的影响，重点关注农户耕地多功能认知对农户参与农田保护经济补偿政策成效的影响。

第7部分是调查农田保护经济补偿政策的初期成效，包括补偿政策实施后，补偿政策对农户家庭经济收入、农业生产投入、种植积极性、农业劳动力供给等方面的影响，以及农户对补偿政策的补偿范围、补偿标准、补偿形式、资金分配以及账务公开方面的满意程度（高魏 等，2012）。

第8部分是调查补偿政策实施后，受访家庭土地流转现状与农户土地流转意愿。其中，土地流转现状包含对农户流转土地的原因、流转后的土地产权归属、流转面积、流转规模、流转时间、流转模式、流转租金、流转对象、是否签订合同、流转期限的调查，并对流转前后农业种植效益进行了比较；而农户土地流转意愿的调查，主要是对农户家庭适宜耕作面积进行估计，了解农户流转土地的真实意愿，预估限制土地流转行为发生的主要因素，并对未来土地流转的预期租金、流转合同进行补充。

第9部分是通过受访农户家庭征地状况的调查，分析农田保护经济补偿政策的开展对受访农户家庭征地情况的影响。

2. 抽样依据

对单一调研区域的农户而言，补偿政策本身是同质的，但在苏州地区与成都地区之间补偿政策是存在显著异质性的。因此，采用分层抽样（Stratified Random Sampling）的方式，依据调研乡镇规模与调研村庄的农户数量对苏州市和成都市的调研样本进行分层，做到层级之间同质且互不交叉。具体依据农田面积和农田保护补偿资金的发放数量，将苏州市分为"主城区"和"县级市"2个层，"主城区"包含：姑苏区、相城区、吴中区、虎丘区、吴江区，"县级市"包含：张家港市、常熟市、太仓市和昆山市。由于主城区内耕地数量较少，预调研效果不理想。所以，苏州市调研主要以县级市为重点，并最终确定张家港市作为县级市层面的抽样区域。同理，从张家港市的8个乡镇中重新进行抽样，抽取金港镇、乐余镇和南丰镇作为主要调研乡镇，完成乡镇层面的分层抽样。

成都市依据各县市耕地保护面积、耕地保护基金发放数量，将调研区域分为"6县"和"县级市"2层，每层中采用简单随机抽样方式确定调研区域。其中，从金堂县、新津县、郫县、双流县、蒲江县、大邑县中随机抽取双流县作为"6县"层面的主要调研区域。从邛崃市、崇州市、彭州市、都江堰市中，随机抽取崇州市作为"县级市"层面的主要调研区域。同理，按照乡镇的耕地面积与农户数量，对双流县和崇州市再进行分层，确定双流县中的金桥镇、永安镇，崇州市的江源镇、羊马镇作为调研乡镇的典型代表。

以分层抽样方式确定苏州市和成都市调研乡镇的名单，依据耕地数量，按照5%或10%的比例在各乡镇中随机抽取一定数量的村集体，作为村级层面的调研样本点。再依据村庄内部农户家庭的总量，确定调研农户数量，据此展开实地调研。

3. 样本分布

课题组在查阅相关研究文献的基础之上，设计量化农田保护经济补偿政策成效的调研问卷，突出了解农田保护经济补偿政策对农户家庭生活水平、农户认知观念的影响，以及补偿政策的实施成效。实地调研分2次进行，"政策初期"调研安排在2012年7—12月，距离苏州市和成都市开始实施农田保护补偿政策已有3～5年的时间，此次调研能够客观反映苏州市与成都市农田保护经济补偿政策初期的实施现状，了解农田保护经济补偿政策的实施成效。"政策中期"调研安排在2015年7—9月，此时距离苏州市和成都市开展实施农田保护补偿政策已有5～8年的时间，农田保护经济补偿政策成效随着补偿政策实施也在不断发生变换。2次动态持续跟踪调研的区域与村庄基本保持一致，对个别村庄因社会经济发展的影响，导致村庄土地全部出让，则选择与特殊村庄距离最近且已实施农田保护经济补偿政策的村庄作为替代村庄，尽量保证调研样本的一致性。

苏州市金港镇共调研了 14 个行政村次，乐余镇调研了 14 个行政村次，南丰镇调研了 6 个行政村次，累计调研 34 个行政村次。成都市金桥镇调研了 6 个行政村次，永安镇调研了 6 个行政村次，崇州市江源镇调研了 7 个行政村次，羊马镇调研了 6 个行政村次，累计调研 25 个行政村次，村级样本调研分布详见表 3-2。

表 3-2　调研区域样本分布

市/县（区）	乡镇	村集体	样本数（户）	比例（%）
苏州张家港	金港镇	新圩村、老圩村、双中村、袁家桥村、渡口村、福民村、柏林村	124	21.87
		渡口村、袁家桥村、福民村、德积村、封庄村、双丰村、小明沙村	94	16.58
	乐余镇	扶海村、红星村、乐余村、庆丰村、向群村、闸西村、常丰村	93	16.40
		登全村、东兴村、红闸村、乐西村、庙港村、齐心村、双桥村	132	23.28
	南丰镇	东港社区、永丰村、新德村、和平村、建农村、海坝村	124	21.87
成都双流县	金桥镇	合水村、金马村、临江村、永和村、舟渡村、鲢鱼村	138	25.51
	永安镇	白果村、景山村、松柏村、双坝村、三新村、凤凰村	141	26.06
成都崇州市	江源镇	邓公村、红土村、石鱼村、桅杆村、崇福村、文观村、寨子社区	196	36.23
	羊马镇	泗安村、伏虎村、菩提村、白鸽村、漕溪村、福田村	66	12.20

2012 年，苏州市总共调研 250 份问卷，回收有效问卷 217 份，有效率为 86.80%。2015 年，苏州市调研共发放问卷 400 份，回收有效问卷 350 份，有效率为 87.50%。2012 年，成都市总共发放调研问卷 250 份，回收有效问卷 223 份，有效率为 89.20%。2015 年，成都市总共调研 350 份问卷，回收有效问卷 318 份，有效率为 90.85%。苏州地区和成都地区 2012 年和 2015 年 2 期动态跟踪调研中，累计发放调研问卷 1 250 份，回收有效问卷 1 108 份，样本有效率为 88.64%。

（二）样本特征

调研样本的描述性统计如表3-3所示，受访农户中男性多于女性，男女比例约为3∶2，其中成都地区男性受访农户的比例高于苏州地区。受访农户的年龄分布呈缓慢上升趋势，随着年龄的不断增加，高年龄段农户的数量也在不断上升，受访农户平均年龄为57.72岁，其中，苏州地区2012年的调查结果中，60～65岁的农户比例最高，占样本总体的35.02%，到2015年，65岁以上的农户比例较高，占总量的64%以上；成都地区2012年的受访农户中，50岁及以下的农户比例占到49.33%，到2015年，受访农户年龄主要集中在50～55岁与65岁之间，比例约占49.69%。

表3-3　典型创新实践区受访农户样本描述性统计

项目类别		2012年苏州		2015年苏州		2012年成都		2015年成都	
		频数（人）	频率（%）	频数（人）	频率（%）	频数（人）	频率（%）	频数（人）	频率（%）
性别	男	120	55.30	205	58.57	134	60.09	203	63.84
	女	97	44.70	145	41.43	89	39.91	115	36.16
年龄（岁）	<40	19	8.76	16	4.57	43	19.28	28	8.81
	[40～45)	15	6.91	10	2.86	26	11.66	40	12.58
	[45～50)	27	12.44	22	6.29	41	18.39	55	17.30
	[50～55)	20	9.22	36	10.29	16	7.17	49	15.41
	[55～60)	38	17.51	42	12.00	30	13.45	25	7.86
	[60～65)	38	17.51	74	21.14	35	15.70	54	16.98
	[65～70)	24	11.06	65	18.57	13	5.83	33	10.38
	≥70	36	16.59	85	24.29	19	8.52	34	10.69
教育程度	小学及以下	134	61.75	208	59.43	130	58.30	189	59.43
	初中	56	25.81	98	28.00	76	34.08	85	26.73
	高中	19	8.76	31	8.86	13	5.83	31	9.75
	大专及以上	8	3.69	13	3.71	4	1.79	13	4.09
村干部	在任或曾任	24	11.06	79	22.57	11	4.93	75	23.58
	未曾担任	193	88.94	271	77.43	212	95.07	243	76.42
党员	是	15	6.91	31	8.86	7	3.14	52	16.35
	否	202	93.09	319	91.14	216	96.86	266	83.65

（续）

项目类别		2012 年苏州		2015 年苏州		2012 年成都		2015 年成都	
		频数（人）	频率（%）	频数（人）	频率（%）	频数（人）	频率（%）	频数（人）	频率（%）
职业类型	粮农	55	25.35	29	8.29	84	37.67	80	25.16
	菜农	3	1.38	15	4.29	42	18.83	30	9.43
	果农	3	1.38	2	0.57	1	0.45	6	1.89
	养殖户	3	1.38	0	0.00	5	2.24	3	0.94
	本地务工	36	16.59	90	25.71	48	21.52	70	22.01
	外出打工	8	3.69	2	0.57	0	0.00	17	5.35
	村（镇）干部	5	2.30	13	3.71	1	0.45	25	7.86
	个体经营户	5	2.30	6	1.71	9	4.04	21	6.60
	失地农户	30	13.82	126	36.00	20	8.97	31	9.75
	家庭主妇	69	31.80	67	19.14	13	5.83	35	11.01

受访农户平均教育年限为 6.4 年，教育程度主要集中在初中及以下。调研区域受访农户的教育程度与对应调研农户样本比例之间呈反向相关关系。苏州地区和成都地区的受访农户中，小学及以下教育程度的农户比例最高，而大专及以上的农户比例最低。受访农户中现任或曾经担任过村干部的比例占到样本总体的 17.05%，村干部和普通农户的比例约为 1∶5。受访农户中党员和非党员的比重约为 1∶10，其中，成都地区 2015 年的受访农户中党员比例最高，占样本容量的 16.35%，成都地区 2012 年的受访农户中党员比例最低，仅为 3.14%。

受访农户职业类型具有显著多样化特征，总体来看，在 2011—2015 年，调研区域粮农的比重在不断下降。苏州地区粮农比例减少了 17.06%，成都地区粮农比例减少了 12.51%。苏州地区菜农比例略有提升，增长 2.91%，而成都地区菜农比例显著减少，降低了 9.4%。苏州地区受访农户选择在本地打工的比例有显著提升，增幅 9.12%，成都地区受访农户在本地务工的比例变动较小。苏州地区失地农民的比例增长最快，2015 年失地农户比例高达 36%，显著增长了 22.18%，而成都地区失地农户的比例仅仅上升 0.78%，波动较小。

第四章 典型创新实践地区农户参与农田保护经济补偿政策的感知差异及比较

一、受访农户参与农田保护经济补偿政策的意愿比较

随着苏州和成都地区农田保护经济补偿政策的不断开展，农户参与补偿政策的意愿也在不断上升，如表4-1所示，2012年，受访农户愿意参与补偿政策的比例为45.91%，到2015年，农户参与意愿上升到83.23%，提高了37.22个百分点。到2015年，苏州地区补偿政策的农户参与意愿由41.01%上升到83.82%，比2012年提高了42.81个百分点，中立态度的农户比例有所减少，降幅达35.32%；成都地区，2012年补偿政策的农户参与意愿为50.68%，略高于同期苏州地区农户比例，到2015年，农户的参与意愿增至82.80%，略低于苏州地区的农户意愿。

表4-1 农田保护经济补偿政策的农户参与意愿

地区	年份		回答"愿意"	回答"不愿意"	回答"无所谓"	合计
苏州	2012	频数	89	20	108	217
		比例（%）	41.01	9.22	49.77	100.00
	2015	频数	293	6	51	350
		比例（%）	83.82	1.73	14.45	100.00
成都	2012	频数	113	58	52	223
		比例（%）	50.68	25.79	23.53	100.00
	2015	频数	263	10	45	318
		比例（%）	82.80	3.18	14.02	100.00

（续）

地区	年份		回答"愿意"	回答"不愿意"	回答"无所谓"	合计
总体	2012	频数	202	78	160	440
		比例（%）	45.91	17.73	36.36	100.00
	2015	频数	556	16	96	668
		比例（%）	83.23	2.40	14.37	100.00

为了进一步分析激励农户参与补偿政策的主要动机，本书对影响农户参与农田保护经济补偿政策的主要因素进行总结，如表4-2所示。农户愿意参与补偿政策的原因可以归为4类：补偿政策能够保障国家粮食安全；能够改善农田生态环境；能够保障农户稳定从事农业生产，降低政府征收土地风险；参与政策只是为了获得农田保护补偿资金。其中，参与补偿政策是为了获得农田保护补偿资金的农户比例最高，政策实施期内，苏州地区这一因素的比例上升了38.65%，成都地区这一因素的比例上升了41.92%。

表4-2 农户参与农田保护经济补偿政策的主要原因

参与补偿政策的主要动机		苏州		成都		总体	
		2012年	2015年	2012年	2015年	2012年	2015年
愿意参与	稳定从事农业生产，降低土地征收风险	46.46%	8.66%	55.83%	23.68%	27.56%	16.17%
	保障国家粮食安全	11.11%	0.84%	11.66%	3.02%	5.98%	1.93%
	改善农田生态环境	2.03%	11.45%	13.50%	12.34%	6.74%	11.90%
	得到农田保护补偿	40.40%	79.05%	19.02%	60.96%	59.73%	70.01%

苏州地区，政策初期农户愿意参与农田保护经济补偿政策的最主要动机是为了稳定从事农业生产，降低政府征收土地的风险，占比为46.46%，到2015年，农户参与补偿政策的最主要目的是为了获得农田保护补贴资金，参与比例高达79.05%。调研中发现，土地流转政策、农户生计方式转变均会影响农户参与农田保护经济补偿政策的意愿与动机。2012年，苏州地区购买养老保险的受访农户比例较低，受访者对土地的依赖程度较高，土地对农户家庭维持生计的贡献程度较大，随着土地流转政策的不断实施与补贴政策的完善，受访农户购买养老保险的比例也在不断上升，农户家庭生计对土地的依赖程度也在不断降低。所以，到政策中期，参与农田保护经济补偿政策的农户更多是为了获

得补贴资金。

成都地区，随着土地流转政策的实施，农村农业劳动力大量外移，农户对土地的依赖程度也在不断降低，在 2012 年，农户参与补偿政策的最主要动机是为了稳定从事农业生产，比例占到受访农户总体的 55.83%，到 2015 年，农户参与补偿政策的主要动机是为了得到农田保护补偿资金，比例占 60.96%。整体来看，政策初期，苏州和成都地区补偿政策能够激励农户参与补偿政策，这是因为补偿政策能够保障农户稳定从事农业生产，到政策中期，补偿资金占农户家庭收入的比例越来越低，农户对农业收入的依赖程度也在不断减少，补偿政策对农户的激励效果在不断减退，农户参与政策的实施效应也越来越差，造成更多受访农户参与政策只为获得更多农田保护补贴。

二、受访农户参与农田保护经济补偿政策效应的感知

实地调研的 1108 户有效样本中，有 762 户农民知晓当地已经实施农田保护经济补偿政策，占样本总体的 68.77%（表 4 - 3 所示）。有 750 户农民了解当地补偿政策的补贴标准，占到样本总体的 67.69%。此外，样本总体中有57.76% 的农户不仅知晓当地实施了农田保护经济补偿政策，而且已经拿到农田保护补贴。

表 4 - 3　农田保护经济补偿政策实施进展的农户认知

地区	年份	样本量	知道实施补贴政策		知道补偿政策标准		知道政策且获得补贴	
			数量	比例（%）	数量	比例（%）	数量	比例（%）
苏州	2012	217	50	23.04	42	19.36	20	9.22
	2015	350	234	66.86	234	66.86	205	58.57
成都	2012	223	186	83.41	204	91.48	147	65.92
	2015	318	292	91.82	270	84.91	268	84.28
总体	2012	440	236	53.64	246	55.91	167	37.95
	2015	668	526	78.74	504	75.45	473	70.81

苏州和成都地区补偿政策宣传与农户知晓方面存在一定差异。苏州地区受访农户对补偿政策的知晓程度低于成都地区。2012 年，苏州地区知道补偿政策的农户比例最低，仅占样本总量的 23.04%，到 2015 年，这一比例上升到 66.86%，比 2012 年提高了 43.82 个百分点。2012 年，成都地区受

访农户对于补偿政策知晓程度显著高于苏州地区，占样本总体的 83.41%，到 2015 年这一比例增至 91.82%。2012 年农田保护经济补偿政策虽已在苏州和成都两地实施，但实际获得补贴资金的农户比例并不高。苏州地区获得补偿的农户比例为 9.22%，到 2015 年上升到 58.57%；成都地区获得补贴的农户比例为 65.92%，到 2015 年增至 84.28%；简而言之，成都地区受访农户在补偿政策实施、补偿标准、补偿资金发放等方面的认知程度显著高于苏州地区。

（一）补偿政策提高农户经济收入的影响

2012 年苏州地区农田保护补贴占家庭收入的 1.70%，到 2015 年，这一比例降至 1.36%；2012 年成都地区农田保护补贴占家庭收入比例为 5.95%，到 2015 年，补贴占比降为 1.95%。整体来看，农田保护补贴占农户家庭收入的比重在不断减少。进一步调查发现（表 4-4），2012 年，苏州地区受访农户认为补贴资金能够提高家庭经济收入的比例占 79.76%，到 2015 年，这一比例降到 27.71%。2012 年，成都地区受访农户认为补偿政策能够提高经济收入的比例为 68.16%，到 2015 年，这一比例减少到 32.81%。简而言之，补贴资金占家庭收入比重较低，实施农田保护经济补偿政策对提高农户家庭收入的贡献越来越小，补偿政策对提高农户家庭收入方面的影响效果越来越弱，这表明政府职能部门应及时评估并反馈补偿政策的实施效果，不断调整并完善现有农田保护补贴政策，稳定补偿政策对提高农户收入的效果。

表 4-4 补偿政策提高农户家庭经济收入的影响

地区	年份	显著	较显著	一般	较不显著	不显著
苏州	2012	11.90	32.14	35.72	13.10	7.14
	2015	1.14	9.43	17.14	58.86	13.43
成都	2012	8.07	40.81	19.28	29.15	2.69
	2015	2.21	7.89	22.71	38.80	28.39
总体	2012	9.12	38.44	23.78	24.76	3.91
	2015	1.65	8.70	19.79	49.33	20.54

（二）补偿政策提升农户农田保护积极性的影响

农田保护经济补偿政策对于提高农户农田保护积极性具有一定正向影响（表 4-5）。政策初期，苏州和成都地区的受访农户，认为补贴能够显著提高农田保护积极性的比例占样本总体的 25.00％和 2.74％。政策中期，这一比例有明显降低，降至 1.43％和 1.28％，绝大多数农户认为补偿政策在提高农户农田保护积极性方面效果一般，并且认为补偿政策在激励农田保护积极性效果较差的农户比例在不断提升。

表 4-5　补偿政策提高农田保护积极性的影响

地区	年份	提高	略有提高	一般	略有降低	降低
苏州	2012	1.19	25.00	53.57	13.10	7.14
	2015	0	1.43	59.71	28.00	10.86
成都	2012	0	2.74	31.05	50.68	15.53
	2015	0	1.28	35.14	53.99	9.59
总体	2012	0.33	8.91	37.29	40.26	13.20
	2015	0.00	1.36	48.11	40.27	10.26

简而言之，2012 年苏州地区受访农户在补偿政策提高农田保护积极性方面的认知比例最高。随着政策的不断实施，补偿政策激励农户农田保护积极性方面的效果在不断降低。这是因为农田保护补贴力度远远小于农业资本要素的上涨速度，补偿政策加快土地流转比例，促使土地流转租金的上涨，造成受访农户农田保护积极性的降低。

（三）补偿政策改善农田生态环境的影响

2012 年，苏州地区有 56.00％的受访农户认为农田保护经济补偿政策能够改善农田生态环境，2015 年，认为补偿政策能够改善农田生态环境的农户认知比例略有提升，增至 66.67％，这一结果表明补偿政策在改善农田生态环境方面取得一定政策成效。2012 年，成都地区受访农户中，赞同农田保护经济补偿政策能够有效改善农田生态环境的比例占到样本总量的 50.80％，到 2015 年这一比例减少到 36.53％。这是因为苏州地区农田生态补偿政策注重农田及其周边生态环境的保护与改善，而成都地区耕地保护基金更加注重农户耕地保护积极性的维持和耕地保护规划指标的落实，对于农田生态环境保护的关注力度相对较弱（表 4-6）。

表 4-6　补贴政策改善农田生态环境的影响

地区	年份	显著	较显著	一般	较不显著	不显著
苏州	2012	0.00	1.43	54.57	36.86	7.14
	2015	2.38	17.86	46.43	22.62	10.71

（续）

地区	年份	显著	较显著	一般	较不显著	不显著
成都	2012	0.00	3.83	46.96	41.53	7.67
	2015	0.00	5.94	30.59	48.86	14.61
总体	2012	0.00	2.56	50.98	39.06	7.39
	2015	0.66	9.24	34.98	41.58	13.53

（四）补偿政策降低农户贫困水平的影响

以苏州和成都地区微观农户调研数据为例，借助农田保护补贴资金的累计分布曲线与受访农户家庭人均收入的洛伦兹曲线，来分析农田保护经济补偿政策对降低农户贫困水平，缩小农户收入差距的影响。农田保护补贴资金的累计分布曲线（以下简称"补贴资金累计分布曲线"）和受访农户家庭人均收入的洛伦兹曲线（以下简称"洛伦兹曲线"）能够反映出农田保护经济补偿政策相对有效的受益农户类型，有利于分析农田保护补偿资金对异质类型农户参与补偿政策的福利变化影响，通过对受访农户家庭人均收入水平的排序，知晓贫困人群中获得农田保护经济补偿的农户比例，研究农田保护补偿资金的分配效率与公平程度。

首先构造没有实施农田保护经济补偿政策背景下的农户家庭收入分配曲线，将受访农户家庭人均收入由高到低排序并分组，计算每组家庭人均收入占总收入的百分比；再以家庭的累计百分比作为横轴，以家庭人均收入的累计百分比为纵轴，绘制一条没有实施农田保护经济补偿政策的农户家庭收入分配曲线；农田保护补贴资金累计分布曲线的画法是按照家庭人均收入由低到高进行分组的同时，对样本农户补贴资金进行统计，以农户家庭累计百分比为横轴，以农田保护补偿资金累计百分比为纵轴，构造补偿资金的累计分布曲线。

①如果农田保护补贴资金累计分布曲线位于对角线上方，说明最贫困的人获得的农田保护补偿资金就越多；

②如果农田保护补贴资金累计分布曲线位于收入分配曲线上方，说明补偿资金的分配比收入分配更公平，农田保护经济补偿政策能够缩小受访农户家庭的收入差距；

③如果农田保护补贴资金累计分布曲线位于收入曲线下方，说明农田保护补贴资金的分配比收入分配更不公平，农田保护经济补偿政策加剧了受访农户家庭的收入差距，需要对现有补偿政策进行调整（顾和军，2008；钟甫

宁　等，2008）。

图4-1所示，农田保护补贴资金的累计分布曲线位于受访农户家庭人均收入的洛伦兹曲线上方，说明农田保护补贴资金的分配比农户家庭人均收入分配更公平，一定程度上缩小了高收入家庭与低收入家庭之间的收入差距，降低了农户的贫困水平。农田保护补贴资金的累计分布曲线与受访家庭人均收入分布曲线均位于对角线下方，这表明，受访农户中10%的最贫困人口只获得农田保护补偿资金的6.4%，贫困农户获得的政策补贴资金较少。

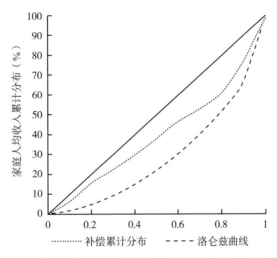

图4-1　样本总体收入分配曲线与补贴资金的累计分布曲线

图4-2所示，从典型创新实践区域受访农户家庭收入分配曲线来看，成都地区受访农户家庭的洛伦兹曲线在苏州地区受访农户家庭洛伦兹曲线的上方，这表明，成都地区受访农户家庭人均收入分配的公平性比苏州地区受访农户家庭的更高，也就是说，成都地区受访农户家庭的人均收入差距更小；从苏州和成都两地区的农田保护补贴资金累计分布曲线来看，成都地区补贴资金累计分布曲线位于苏州地区补贴资金累计分布曲线的上方，这说明成都地区补偿资金的分配比苏州地区更平均，成都地区实施的补偿政策更有利于缩小农户家庭收入差距，更兼顾公平性，即成都地区补偿政策在缩小收入差距方面更有效率。成都地区补贴资金的累计分布曲线与对角线几乎重合，而苏州地区补贴资金的累计分布曲线则位于对角线下方，与对角线之间存在一定距离，这表明，成都地区最贫困农户获得农田保护政策补贴资金的比例更高，从图4-2来看，成都地区最贫困人口的前50%获得农田保护补贴资金的比例达51.50%，而苏州地区最贫困人口的前50%获得农田保护补贴资金的比例仅占27.07%，很显然成都地区低收入农户获得农田保护补偿资金的比例更高。

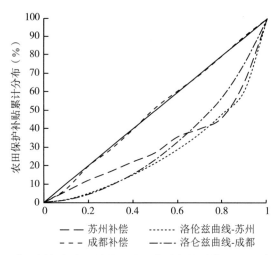

图4-2 典型创新实践区域收入分配曲线与补贴资金的累计分布曲线

　　苏州地区依据洛伦兹曲线与补偿资金累积分布曲线的弯曲程度，对受访农户家庭收入分配状况与农田保护补偿资金分配的公平程度进行分析，结合图4-3与图4-4曲线走势可知，苏州地区2012年受访农户家庭人均收入累计分布曲线的弯曲程度明显大于2015年的曲线弯曲程度，这表明，苏州地区受访农户在2012年家庭收入分配不平等程度要高于2015年，随着农田保护补偿政策的实施，农户家庭收入差距在不断减小。从2012年农田保护补偿资金累积分布曲线来看（图4-3），苏州地区最贫困人口的前50%获得农田保护补偿资金总额的67.40%，到2015年，这一比例降低到20.77%。即苏州地区低收入群体获得农田保护补偿资金的比例在不断下降。主要原因在于，补偿政策实施加快了土地流转进程，农田保护补偿资金不再全部发给土地承包户，而是更多地向土地经营户手中转移。苏州地区土地经营户多为种植规模在100亩以上的、来自外省或本地的种粮大户，从农业收入水平来看，土地经营户中贫困户的比例远小于土地承包户，这也是导致最贫困农户获得农田保护补偿资金比例下降的原因，所以在2015年的调查结果中，高收入农户获得农田保护补偿的资金比例在不断上升。

　　成都地区依据洛伦兹曲线的弯曲程度，对受访农户家庭收入分配程度进行分析，结合图4-5和图4-6的曲线走势可知，2012年洛伦兹曲线的弯曲程度要略小于2015年，所以2012年受访农户家庭收入分配比2015年的收入分配不平等程度更高，即成都地区收入分配不平等程度在不断减小，贫富差距在不断降低。从农田保护补贴的累计分布曲线来看，成都地区最贫困人口的前50%获得农田保护补偿资金的累计比例占到样本总体的58.71%，2015年这一比值减少到49.45%，成都地区2015年补偿资金的累计分布曲线更贴近对角线，说明成都地区受访农户之间农田保护补偿资金的分配相对比较公平。总体来看，成都地区受访农户收入水平的贫富差距要小于苏州地区，从农田保护补偿资金分配的公平性来看，成都地区最贫困农户获得农田保护政策补贴资金的比例相对更高，也就是说成都地区补偿资金的分配比苏州地区更平均，成都地区实施的农田保护补偿政策在降低低收入群体贫困水平方面更有效率。

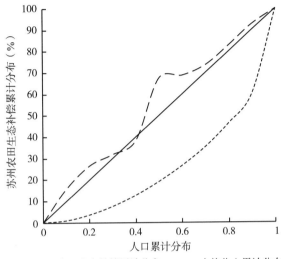

图 4-3　苏州地区 2012 年农田生态补偿的累计分布曲线

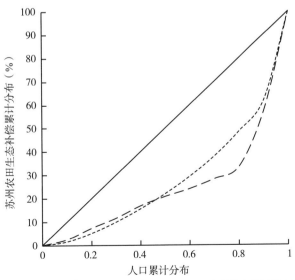

图 4-4　苏州地区 2015 年农田生态补偿的累计分布曲线

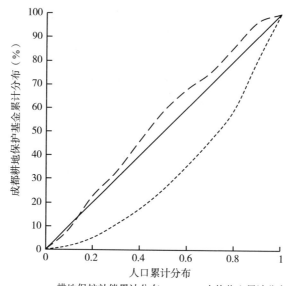

图 4-5 成都地区 2012 年农田保护补偿的累计分布曲线

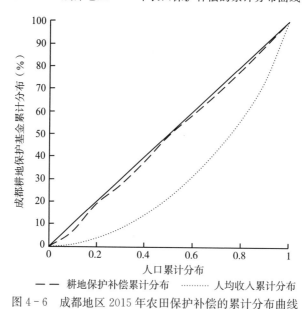

图 4-6 成都地区 2015 年农田保护补偿的累计分布曲线

三、本章小结

本章主要对典型创新实践地区农户参与农田保护经济补偿政策的认知差异进行比较,从苏州和成都地区受访农户参与农田保护经济补偿政策的参与意愿及政策效应的感知方面进行展开。

　　本章第一节主要分析了苏州和成都地区农田保护经济补偿政策受访农户的参与意愿及差异，并对农户愿意参与农田保护经济补偿政策的主要动机进行分析。总体来看，农户参与补偿政策的意愿在不断上升，激励农户参与补偿政策的因素在政策初期与政策中期之间存在一定差异。政策初期，补偿政策能够保障农户稳定从事农业生产，降低政府征收土地风险，从而成为激励农户愿意参与政策的最主要因素，政策中期，农户愿意参与政策的最主要原因是为了获得农田保护补贴。

　　本章第二节主要对苏州和成都地区参与农田保护经济补偿政策的受访农户感知进行分析，其中，知晓已经实施补偿政策的受访农户比例高于了解补偿标准的农户比例，同样也高于了解补偿政策且获得补偿资金的农户比例。所以补偿政策在地区宣传与农户知晓方面存在一定差异。对于补偿政策初期成效的农户认知，以 2012 年的农户认知水平为基期。2015 年，苏州地区补偿政策在"增加农户经济收入""提高农户参与农田保护积极性"方面的政策效果在不断降低，但苏州地区农户在"改善农田生态环境""降低农户贫困水平"方面的政策成效在不断上升。同样，以 2012 年成都地区农户认知水平为参照，2015年，补偿政策在"提高农户经济收入""改善农田生态环境"方面的政策效果在不断降低，但补偿政策在"提高农户参与农田保护积极性""降低农户贫困水平"方面的实施成效则在不断提升。

第五章 典型创新实践地区农户参与农田保护经济补偿政策效应评价

一、受访农户参与农田保护经济补偿政策效应评价

（一）文献回顾

农田生态补偿政策的提出是以生态环境保护为基础，通过财政、税收和市场调节等方式，对受益者和破坏者之间经济利益再分配的一种政策手段，能够有效提升生态系统服务价值，保障人与自然关系的和谐。农民自愿签订协议参与农田保护补偿政策的管理，获取相关技术援助、财政补贴及经济补偿。相较发达国家，我国农田也承担着非常复杂且重要的生态职能，作为重要的生态系统之一，农田生态环境效益得到越来越多的关注和认可，部分经济相对发达的地区也在积极探索农田保护经济补偿实践模式，通过经济激励等方式调动农户保护农田生态环境的积极性。

国内目前对农田保护补偿政策的研究主要集中在补偿政策体系构建、补偿机制探索、补偿资金与补偿方式的确定、补偿政策参与意愿的评估等政策实施前阶段的研究，较少涉猎现有农田生态补偿政策的实施成效评估等后阶段的探索。例如，蔡银莺和朱兰兰（2014）定性分析，发现上海市、江苏省苏州市和四川省成都市等地的农田保护经济补偿具有显著的空间异质性，补偿政策在调动农户种田积极性，促进粮食增产和农户增收方面效果显著。余亮亮和蔡银莺（2014）比较了东、西部地区在耕地保护补偿政策实施前期的政策成效与差异，发现补偿政策能够显著提升东部地区的耕地质量、改善生态环境，补偿政策在西部地区则有效维护了耕地数量、提升农户种植积极性，且西部地区政策效果优于东部地区。薛友（2013）从公共满意度、公众知晓度、政策规范度和政策

持续性等方面评价了苏州地区生态补偿政策绩效，发现补偿政策实施效果与政策预期目标之间仍存在差距。邓远建等（2015）从生态价值、经济价值和社会价值视角，利用职能指标、效益指标和潜力指标，评价产地对生态补偿政策绩效的影响，发现环境生态补偿政策在目标设计、战略规划和成效反馈方面效果显著，但仍有改进空间。崔向雨（2008）从目标设计、战略规划、政策改进和实施成效等方面对森林生态补偿政策的绩效进行评价，研究发现生态公益林补偿政策在改善生态环境方面效果显著，但补偿政策在内容设计和体系构建方面仍存在缺陷。徐大伟等（2015）对我国区域生态补偿政策的最新进展进行梳理，评估区域生态补偿政策的绩效，比较补偿政策组与非补偿政策组在生态绩效上的差异。

综上可知，国内农田保护经济补偿政策成效的研究从政策目标设计、公众满意度、政策知晓度、补偿政策管理、补偿机制设计等方面展开，补偿政策前阶段的研究较多，较少采用经济学前沿方法对补偿政策有效性、政策效果的异质性、参与政策有效类型等后阶段成果进行深入分析，且农田保护经济补偿政策主要在经济相对发达的东部地区试点示范，并未在全国范围内铺开。因此，农田保护经济补偿政策的实施成效评价受到研究方法、试点地域和评价指标的限制，很难给出客观一致的评价结果。所以，本书以苏州、成都典型创新实践区域的两期微观农户调研数据为例，利用倾向得分匹配模型，分析农田保护经济补偿政策对农户家庭收入、家庭支出、农业劳动力供给、非农劳动力转移以及补偿政策满意度等方面的影响对典型地区农户参与补偿政策的初期成效进行动态跟踪，着重比较典型创新实践区域农户参与补偿政策成效的区域差异。

（二）数据变量与研究方法

2012 年，农田保护经济补偿政策刚实施 3～5 年时间，为补偿政策实施初期阶段。第二次跟踪调研在 2015 年，农田保护经济补偿政策在苏州和成都地区已经开展实施了 5～8 年。两期调研主要围绕农田保护经济补偿政策的实施成效展开，苏州地区政策初期调研回收有效问卷 217 份，其中，获得农田保护经济补偿的受益农户有 64 份，政策中期调研回收有效问卷 350 份，获得农田保护经济补偿资金的受益农户有 203 份；成都地区在 2012 年政策初期，调研回收有效问卷 223 份，其中，获得耕地保护基金的受益农户有 137 户，在 2015 年政策中期的调研中，收获调研有效问卷 318 份，包含受益农户 287 份。

1. 变量说明

（1）参与变量

以苏州和成都地区两次动态跟踪调研数据为实证，采用倾向得分匹配模型对农田保护经济补偿政策的实施成效进行评估。其中，解释变量为农户是否获得农田保护补偿基金（Y），Y 变量是一个典型的二分类变量，如果农户获得补偿基金，则设 Y ＝1，如果农户没有获得补偿基金，则设 Y ＝0，获得补偿基金的农户，为补偿政策受益农户，定义其为实验组（Treated），没有获得补偿基金的农户，为补偿政策的非受益农户，设定其为对照组（Controls）。变量描述性统计如表 5-1 所示。

表 5-1　变量设置及描述性统计

	变量名称	符号	变量说明
输出变量	家庭人均收入	x_1	家庭实际人均纯收入
	家庭人均支出	x_2	家庭实际人均纯支出
	家庭非农劳动力人数	x_3	家庭从事非农劳动的人数
	家庭农业劳动力人数	x_4	家庭从事农业劳动的人数
	补偿政策农户满意度	x_5	非常满意—非常不满意＝5～1
匹配变量	维持农田面积不减少	x_6	非常显著—非常不显著＝5～1
	调动农田保护积极性	x_7	非常显著—非常不显著＝5～1
	改善农田的生态环境	x_8	非常显著—非常不显著＝5～1
	调整承包地种植结构	x_9	非常显著—非常不显著＝5～1
	增加农业生产投入	x_{10}	非常显著—非常不显著＝5～1
	加快土地集中流转	x_{11}	非常显著—非常不显著＝5～1

（2）输出变量

本书主要评估典型实践地区农田保护经济补偿政策的政策成效，验证补偿政策对受益农户与非受益农户的家庭收入、家庭支出、家庭劳动力供给以及补偿政策满意度的影响，分析农田保护经济补偿政策是否存在显著的区域差异。因此将农户家庭人均收入、人均支出、农业劳动力人数、非农劳动力人数和补偿政策满意度作为模型的输出变量。

（3）匹配变量

除了参与变量和输出变量，还需遵循条件独立性假设，选取一组能够反映样本选择性偏误的控制变量，这组控制变量要对"农户是否获得农田保护补偿资金"和"家庭人均收入"等特征因素均有显著影响。在已有文献基础之上，结合典型创新实践地区的两期动态调研数据结果，从农田保护经济补偿政策在维持农田面积、调动农田保护积极性、改善农田生态环境、调整农业种植结构、增加农业生产投入、加快土地集中流转等方面选取评价指标，集中评价补偿政策的实施效应。

（4）变量描述性统计分析

从表5-2来看，受访农户中获得农田保护补偿的比例在不断上升，其中，2015年苏州地区受访农户获得农田保护补偿的均值为0.580，显著高于2012年的0.295；成都地区受访农户获得农田保护补偿的均值也由2012年的0.614上升到2015年的0.903，成都地区受访农户获得补偿的比例提高了的28.90%，略高于苏州地区的28.50%。苏州地区农户家庭人均收入水平整体高于同期成都地区，这与区域经济发展水平、非农劳动比例以及农户非农就业机会等因素相关。受访农户的家庭人均支出与人均收入变化相一致，成都地区2015年家庭人均支出比2012年增长了59.19%，显著高于苏州地区的36.08%。苏州地区家庭中从事非农业生产与从事非农劳动的农户比例都有不同程度的降低，苏州地区受访农户的年龄主要集中在45岁以上，2015年调查结果显示享有城镇养老保险的受访农户比例也在不断上升，获得城镇养老保险的受访农户开始逐渐退出劳动力市场。成都地区从事农业生产的家庭劳动力人数在不断下降，2015年农业劳动力比2012年下降了37.55%，从事非农业劳动的家庭劳动力人数略有提升。

表5-2 农田保护经济补偿政策效应的描述性统计

名称		2012年				2015年			
		均值	标准差	最小值	最大值	均值	标准差	最小值	最大值
苏州	Y	0.295	0.457	0	1	0.580	0.494	0	1
	x_1	23 553	40 958	2 832	102 890	33 680	68 578	1 000	200 000
	x_2	8 835	6 369	1 000	55 372	12 023	6 741	500	50 000
	x_3	2.244	1.593	1	6	1.260	1.160	0	5
	x_4	0.484	0.770	0	3	0.277	0.592	0	2
	x_5	3.516	0.913	1	5	3.586	0.827	1	5
	x_6	3.488	0.770	1	5	3.543	0.622	1	5
	x_7	3.438	0.756	1	5	3.483	0.705	1	5
	x_8	3.304	0.811	1	5	3.497	0.650	1	5
	x_9	3.424	0.755	1	5	3.334	0.576	1	5
	x_{10}	3.171	0.735	1	5	3.260	0.575	1	5
	x_{11}	3.479	0.903	1	5	3.637	0.774	1	5
成都	Y	0.614	0.488	0	1	0.903	0.297	0	1
	x_1	14 208	9 425	666	50 000	17 680	14 696	1 000	134 230
	x_2	5 602	4 491	500	25 000	8 918	7 705	500	80 000

(续)

名称		2012 年				2015 年			
		均值	标准差	最小值	最大值	均值	标准差	最小值	最大值
成都	x_3	1.350	1.228	1	5	1.456	1.185	1	5
	x_4	1.390	1.153	0	4	0.868	1.039	0	5
	x_5	3.529	0.815	1	5	4.129	0.794	1	5
	x_6	3.502	0.759	1	5	3.736	0.615	1	5
	x_7	3.547	0.933	1	5	3.698	0.672	1	5
	x_8	3.717	0.780	1	5	3.516	0.718	1	5
	x_9	3.435	0.687	1	5	3.270	0.617	1	5
	x_{10}	3.430	0.731	1	5	3.280	0.650	1	5
	x_{11}	3.619	0.829	1	5	3.311	0.684	1	5

苏州地区对农田保护经济补偿政策在维护农田不减少、提高农田保护积极性、改善农田生态环境、增加农业生产投入、加快土地集中流转方面的认知程度整体介于 3.3～3.6 之间，能够发挥一定的正向激励作用，补偿政策对调整承包地种植结构的农户认知有 2.62% 的下降；成都地区受访农户对补偿政策在维护农田不减少、提高农田保护积极性方面的认知平均增长 6.68% 和 4.25%，效果略有提升，而在其他补偿政策效果方面，农户的认知程度略有下降，但农户对补偿政策满意度也有显著的提升，提升幅度为 17.01%。

2. 变量方法

(1) 倾向得分匹配

倾向得分匹配模型（Propensity Score Matching，PSM）是有效评估政策实施成效、判别变量之间因果关系的一种无偏估计方法（Rosenbaum，1983）。倾向得分匹配模型能够更加准确地选择研究对象和研究方法，有效避免变量内生性问题，减少研究结果的偏误。本书将倾向得分匹配模型中所有样本个体特征因素设为协变量 X，利用参与变量作为 Logit 回归或 Probit 回归的被解释变量获取倾向得分，该得分是农户个体对参与农田保护经济补偿政策倾向性的直观表现，随后利用诸如最近领匹配、半径匹配、核匹配法、1-1 匹配以及局部线性回归匹配等方法，对可以进行匹配的个体倾向得分进行估算，而参与补偿政策的农户与未参与补偿政策的农户之间所产生的差异就是实施农田保护经济补偿政策的平均处理效应（邵敏，包群，

2012；郭君平，吴国宝，2014）。

（2）匹配模型构建

估计补偿政策对受访农户家庭收入水平的影响，常用的研究思路是比较农田保护经济补偿政策实施后，获得补偿资金的家庭与没有获得补偿资金的家庭在经济收入水平上的差异，这种简单比较的方法忽略了农村家庭在人力资本、物质资本、金融资本、社会资本、就业行为、家庭特征等方面存在的显著性差异。无法将农田保护经济补偿政策效应与经济、社会因素所产生的政策效果相分离，无法有效识别农田保护经济补偿政策实施的具体成效。因此，为了准确衡量农户参与农田保护经济补偿政策的实施效应，需要比较同一家庭在农田保护经济补偿政策实施前后的经济收入差异。对于实施补偿政策的受访家庭而言，由于客观因素的干扰，无法观测到已经获得补偿政策的农户家庭在未获得补偿资金时的生活状况。相反，此时只能观察到实施补偿政策后对农户家庭收入水平所产生的影响，即事实结果。对于没有实施补偿政策的区域，只能观察到没有实施补偿政策受访农户的家庭收入水平。无法观测这类家庭在实施农田保护经济补偿政策后的家庭收入水平及变动情况，即反事实结果。针对反事实结果缺失的现状，很难针对同一家庭就补偿政策实施前后农户家庭收入水平的变化进行准确的比较和衡量。所以，本书借助倾向得分匹配模型，对上述问题进行分析，评价农田保护经济补偿政策对受益农户与非受益农户家庭收入的影响。如果无法获得参与补偿政策情境下受益农户在未获得补偿资金下的状态，那么可以建立一个农田保护补偿受益农户的处理组，使农户在农田保护经济补偿政策实施以前主要特征与没有获得农田保护经济补偿的对照组农户的基本特征相一致（李静 等，2013），然后将受益农户与非受益农户进行匹配，比较两组农户之间在家庭收入水平上的差异，依据差异结果确定实施农田保护经济补偿政策与农户家庭收入之间的因果关系，有效避免选择性偏误等问题（屈小博，2013；向国成 等，2013）。

将获得农田保护补偿的受益农户作为处理组，将未获得农田保护补偿资金的非受益农户作为对照组，构造一个 $0-1$ 虚拟变量 D_i，设 $D_i=1$ 表示农户参与农田保护经济补偿政策，获得补偿资金，为受益农户，$D_i=0$ 表示农户未参与农田保护经济补偿政策，没有获得补偿资金，为非受益农户。倾向得分匹配模型需要满足两个基本假设：

①条件独立性假设：是指控制了共同影响因素 X 以后，受益农户与非受益农户家庭收入之间满足相互独立（李静 等，2013）。

$$(Y_i^1,Y_i^0) \perp DX_i \qquad (5-1)$$

②共同支持条件：利用倾向得分来保证处理组与对照组之间的农户均能进行匹配（李静 等，2013）。

$$0 < Pr(D_i = 1 \mid X_i) < 1 \qquad (5-2)$$

对于受访农户而言，家庭经济收入存在两种潜在的结果 Y_i^*，其中 Y_i^* 表述为：

$$Y_i^* = \begin{cases} Y_i^1, \text{如果 } D_i = 1 \\ Y_i^0, \text{如果 } D_i = 0 \end{cases} \qquad (5-3)$$

式（5-3）中，Y_i^1 表示获得农田保护经济补偿的受益农户家庭收入，Y_i^0 表示未获得农田保护经济补偿的非受益农户家庭收入。

对于受访农户而言，家庭经济收入水平 Y_i 可由式（5-4）表示：

$$Y_i = Y_i^0 + (Y_i^1 - Y_i^0)D_i \qquad (5-4)$$

式（5-4）中，$(Y_i^1 - Y_i^0)$ 为实施补偿政策对于第 i 个农户家庭经济收入水平的影响。公式（5-4）就是反事实框架的表达式（Fraser，Guo，2011）。由于无法同时观测到同一家庭在补偿政策中受益和没有从补偿政策中受益情形下的家庭收入，所以，利用回归模型对农田保护经济补偿政策的平均收入效应进行估计时，估计结果仅是基于可观测事实的一个预测（向国成 等，2013）。也就是将可观察的实施补偿政策的农户家庭经济收入与未实施补偿政策的农户家庭经济收入相减，可以得到：

$$E[Y_i \mid X, D_i = 1] - E[Y_i \mid X, D_i = 0]$$
$$= \underbrace{E[(Y_i^1 - Y_i^0) \mid X, D_i = 1]}_{\text{实施补偿政策农户家庭的平均收入效应}} + \underbrace{\{E[Y_i^0 \mid X, D_i = 1] - E[Y_i^0 \mid X, D_i = 0]\}}_{\text{选择性偏差}}$$

$$(5-5)$$

式（5-5）中，$E[(Y_i^1 - Y_i^0) \mid X, D_i = 1]$ 表示补偿政策实施后农户家庭的平均收入效应（ATT），$E[Y_i^1 \mid X, D_i = 1]$ 表示可观察的实施补偿政策的农户家庭经济收入，$E[Y_i^0 \mid X, D_i = 1]$ 表示如果没有实施补偿政策的农户家庭经济收入，ATT 为两者之间的差值；$E[Y_i^0 \mid X, D_i = 1] - E[Y_i^0 \mid X, D_i = 0]$ 表示补偿政策实施区域内农户在假设没有实施补偿政策时的家庭经济收入，与没有实施补偿政策地区内农户家庭经济收入的差值，这是家庭异质性带来的选择性偏差（向国成 等，2013）。综上所述，传统回归模型的平均收入效应是实施补偿政策农户家庭平均收入效应与家庭异质性所导致的选择性偏差之和（向国成 等，2013）。

对于实施补偿政策的农户而言，估算补偿政策实施的平均收入效应，只需对 $E[(Y_i^1 - Y_i^0) \mid X, D_i = 1]$ 进行估计，但是，$E[Y_i^0 \mid X, D_i = 1]$ 不可观测，这是一个比较困难的问题，同理，对于没有实施补偿政策的农户而言，$E[Y_i^1 \mid X, D_i = 1]$ 同样不可观测。此时需要借助一种新途径，来解决上述问题。倾向得分匹配模型恰好能够估计同一家庭事实结果与反事实结果之间的净差异（向国成 等，2013），这一差异可以当做补偿政策实施的平均收入效应。

所以，如果可以匹配出 $E[Y_i^1|X,D_i=1]$ 与 $E[Y_i^0|X,D_i=1]$ 两种不可观测的收入，则对所有农户家庭的平均收入效应均可进行估计（向国成 等，2013）。通过上述理论分析，可以将实施农田保护经济补偿政策的三种收入效应进行分类：

①总体的平均处理效应（Average Treatment Effect，ATE），表示随机抽取特征值为 X 的受访家庭，用平均收入效应的均值来反映受访家庭如果全部实施农田保护经济补偿政策的平均收入效应（向国成 等，2013）。

$$ATE = E[(Y_i^1 - Y_i^0)|X] \tag{5-6}$$

②处理组的平均处理效应（Average Treatment Effect for Treated，ATT），表示随机抽取特征值为 X 的受访家庭，用平均收入效应的均值来反映已实施补偿政策区域农户家庭的平均收入效应（向国成 等，2013；王海港 等，2009）。

$$ATT = E[(Y_i^1 - Y_i^0)|X,D_i=1] \tag{5-7}$$

③对照组的平均处理效应（Average Treatment Effect for Treated，ATU），表示随机抽取特征值为 X 的受访家庭，用平均收入效应的均值来反映未实施补偿政策区域农户家庭在假设实施补偿政策时的平均收入效应（向国成 等，2013）。

$$ATU = E[(Y_i^1 - Y_i^0)|X,D_i=0] \tag{5-8}$$

匹配模型中包含多个协变量，Abadie 等（2004）、向国成等（2013）、Athey 和 Imbens（2006）的研究表明，由于匹配家庭与被匹配家庭特征因素的差异以及多个协变量的影响，造成简单匹配估计量存在匹配偏差。为了消除匹配后存在的模型偏差，本书使用偏差矫正匹配估计量填补缺失的潜在收入（向国成 等，2013）。同时考虑到条件方差有可能随着协变量的变动而变动。因此，采用稳健方差估计量来对不同农户参与农田保护经济补偿政策的收入效应进行估计[①]。

用 N 表示样本总量，N_1 表示实施补偿政策的农户家庭数量，N_0 表示没有实施补偿政策的农户家庭数量，$K_M(i)$ 表示家庭 i 被用做匹配的次数，把潜在收入的匹配结果 Y_i^1 和 Y_i^0 分别带入式（5-9）～式（5-11），得到 ATE、ATT、ATU 的表达式：

$$ATE = \frac{1}{N}\sum_{i=1}^{N}\{Y_i^1 - Y_i^0\} = \frac{1}{N}\sum_{i=1}^{N}(2D_i-1)[1+K_{M(i)}]Y_i \tag{5-9}$$

---

① 连玉君，苏治，谷月东，股权激励有效吗？——来自 PSM 的新证据，2010 年中国国际金融年会会议论文。

$$ATT = \frac{1}{N_1}\sum_{i:D_i=1}^{N}\{Y_i - Y_i^0\} = \frac{1}{N_1}\sum_{i=1}^{N}\{D_i - (1-D_i)K_{M(i)}\}Y_i$$

$$(5-10)$$

$$ATU = \frac{1}{N_0}\sum_{i:D_i=0}^{N}\{Y_i^1 - Y_i\} = \frac{1}{N_0}\sum_{i=1}^{N}\{D_iK_{M(i)} - (1-D_i)\}Y_i$$

$$(5-11)$$

匹配方法不同，导致权重函数的选择也会存在差异。为了避免 NN 匹配中标准误失效等问题的发生，本书采用 Kernel 匹配的方式来计算指标权重，其中，权重函数的计算公式为：

$$\lambda(p_i,p_j) = G(\frac{p_j-p_i}{\alpha_n})/\sum_{j\subset(D=0)}G(\frac{p_j-p_i}{\alpha_n})\qquad(5-12)$$

其中，$\lambda(p_i,p_j)$ 是 p_i 与 p_j 的权重函数，p_i 表示受益农户 i 概率的估计，p_j 表示非受益农户 j 概率的估计，$G(\cdot)$ 服从高斯正态分布，α_n 为窗宽参数（李静等，2013）。

（三）农户参与农田保护经济补偿政策的效应评价

1. 匹配方法选择

计算倾向匹配得分的常用方法有：匹配法、分层法和回归调整法。匹配法是从对照组中筛选个体，并与试验组中挑选出的被测个体进行逐次匹配，在对照组中寻找与样本倾向得分最相近的全部被测样本，再随机抽取一个或多个作为处理组被试的对照组。匹配法适用于处理组被试样本较少且对照组被试样本较多的数据。分层法是将被试个体按照倾向得分高低依次划分为若干层，在不同层次的倾向得分上，均衡特征变量，从而得到处理组与对照组之间的比较差异（郭君平，吴国宝，2014）。研究发现，将样本个体五等分能够有效消除倾向得分匹配模型中 95% 以上的特征变量选择性偏误。回归调整法是将倾向得分作为一个协变量，纳入回归模型，利用模型的回归结果来进一步研究分组变量与因变量之间的因果关系。上述三种方法各有利弊，通过长期的研究和对比，发现匹配法和分层法对于消除选择性偏差的效果比较显著。

2. Kernel 概率分布曲线

首先，根据倾向得分匹配法对参与补偿政策的受益农户概率进行估计，并依此作为条件匹配的依据，对处理组的政策处理效应进行估计，再根据 probit 模型得到不同典型地区受访农户参与补偿政策的概率及倾向得分。受访农户的倾向得分越高，参与补偿政策的可能性越大。为了避免 NN 匹配时无效估计的产生，采用 Kernel 匹配的方式来计算权重。

　　为了进一步证实核匹配方法的合理性与有效性，避免 NN 匹配时产生无效标准误等问题，本书采用 STATA 软件 13.0 版本，利用 Kernel 匹配的方法来计算指标权重，再利用 Matlab R2014b 软件中的绘图功能绘制出 Kernel 分布概率曲线，其中 $D=1$ 和 $D=0$ 两条曲线分别表示处理组和对照组的倾向分数 Kernel 分布曲线（李静 等，2013）。

　　从苏州地区 2012 年补偿政策成效匹配前后的 Kernel 分布曲线（图 5-1）来看，$D=0$ 曲线整体集中分布在倾向分值较低而峰值较高的区域，在达到最大值之后急速下降（王海港 等，2009）。而 $D=1$ 曲线分布比较平缓，曲线峰值出现在 0.38 附近，且峰值低于 $D=0$ 曲线。在两条曲线交点之后，$D=1$ 曲线显著高于 $D=0$ 曲线，这说明处理组中农户参与农田保护经济补偿政策的概率显著大于对照组。从图形特点来看，2012 年，苏州地区处理组农户从补偿政策中受益的概率显著高于对照组。

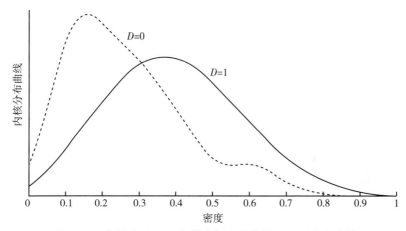

图 5-1　苏州地区 2012 年样本倾向得分的 Kernel 分布曲线

　　从苏州地区 2015 年受访农户的倾向得分匹配 Kernel 分布曲线（图 5-2）来看，$D=0$ 曲线分布情况与 2012 年苏州地区的 $D=0$ 曲线分布情况整体一致，但峰值出现的位置比 2012 年略微更靠后，$D=0$ 曲线的峰值出现在 0.4 附近，达到峰值后迅速回落；而 $D=1$ 曲线的分布比苏州地区 2012 年的 $D=1$ 曲线分布更平稳，峰值主要出现在 0.53 附近，在 0.88 附近有一个小波动。$D=0$ 曲线和 $D=1$ 曲线的交点出现在 0.52 附近，之后 $D=1$ 曲线均显著高于 $D=0$ 曲线，这表明交点之后处理组参与补偿政策的概率要显著高于对照组，从图形整体变化趋势来看，2015 年苏州地区处理组农户从补偿政策中受益的概率要显著高于对照组农户。

　　从 2012 年成都地区受访农户倾向得分匹配的 Kernel 分布曲线（图 5-3）来看，匹配前后 $D=0$ 曲线的分布状况与 $D=1$ 曲线分布状况比较相近，$D=0$

曲线的峰值与 $D=1$ 曲线的峰值出现的位置比较接近，在 0.65 附近，两条曲线的趋势都比较平缓，样本分布情况比较均匀，交点出现在 0.55 附近，但从两条曲线的整体走势来看，成都地区 2012 年的处理组农户从补偿政策中受益的概率与对照组农户从补偿政策中受益的概率差异并不显著。

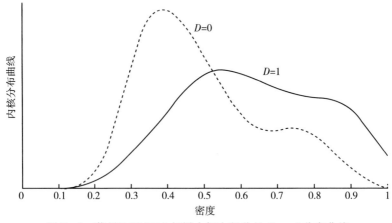

图 5-2 苏州地区 2015 年样本倾向得分的 Kernel 分布曲线

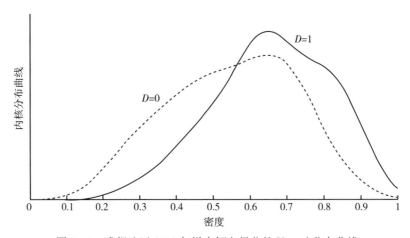

图 5-3 成都地区 2012 年样本倾向得分的 Kernel 分布曲线

从成都地区 2015 年受访农户倾向得分匹配的 Kernel 分布曲线（图 5-4）来看，$D=0$ 曲线的整体波动较大，峰值出现在 0.15 附近，在峰值之前变动比较显著，越过峰值之后变动相对比较平缓。$D=1$ 曲线的分布趋势与 $D=0$ 曲线基本一致，在 0.25 之后曲线上升快，峰值出现在 0.25 附近，且整体趋势趋近于 1。从两个核密度分布曲线的变动趋势来看，首个交点出现在 0.23 附件，0.35～0.45 之间变动趋势基本一致，对照组农户从农田补偿政策中获益的概率与处理组之间差异并不明显。

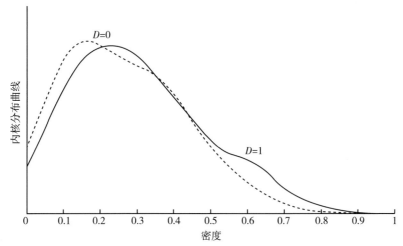

图 5 - 4　成都地区 2015 年样本倾向得分的 Kernel 分布曲线

　　综上所述，从 2012 年和 2015 年的核密度分布曲线来看，2012 年苏州地区 $D=0$ 组的 Kernel 曲线集中分布在倾向值较低的部分，且峰值较高，而 $D=1$ 组的 Kernel 曲线的倾向得分值整体略低于 2015 年的结果，这表明，随着补偿政策的不断实施，苏州地区受益农户倾向得分概率比非受益农户的倾向得分概率更高，即受益农户从补偿政策中获益的概率比非受益农户更大，参与补偿政策对受益农户的政策效果相对更好；从成都地区 2012 年和 2015 年的核密度分布曲线的变动趋势来看，2012 年农户倾向得分曲线分布相对分散，Kernel 曲线峰值出现在 0.65 附近，而 2015 年农户倾向得分曲线分布比较集中，Kernel 曲线峰值则主要集中在 0.15～0.25 附近，简而言之，成都地区受益农户与非受益农户从补偿政策中获益概率的差异相对较小，但 2012 年受益农户比 2015 年的受益农户受益的获益概率更高。成都地区受益农户对补偿政策评价效果相对更好。依据核密度曲线在匹配前后重叠面积越多，则匹配效果越好的原则，匹配苏州地区和成都地区的受益农户调研结果，可知农田保护经济补偿政策匹配效果依次为：成都 2015 年＞成都 2012 年＞苏州 2012 年＞苏州 2015 年，且受益农户参与农田保护经济补偿政策的效果要显著高于非受益农户。

3. 匹配平衡检验

　　由表 5 - 3 可知，对苏州地区 2012 年受益农户与非受益农户参与补偿政策实施效应评价的变量进行匹配分析，结果表明，在维持农田面积不减少、增加农业生产投入、加快土地集中流转方面补偿政策成效差异显著。受益农户对补偿政策在维持农田面积不减少、增加农业生产投入以及加快土地集中流转方面政策成效感知均高于非受益农户，且在 1%、10% 和 5% 的水平上显著。苏州地区 2015 年的匹配变量中，受益农户在调整承包地种植结构、增加农业生产投入，以及加快土地集中流转的认知与非受益农户差异明显，在 1‰的水平上显著，且受益农户均值整体高于非受益农户。但是在补偿政策维持农田面积不减少、调动农户农田保护积极性、改善农田生态环境等方面，受益农户的政策成效认知与非受益农户之间无显著差异。

为了使倾向得分匹配结果更具说服力，满足条件独立性假设，需满足受益农户与非受益农户在匹配变量上无显著差异。本书采用匹配研究方法（Smith，Todd，2005），依据农田保护经济补偿政策受益农户与非受益农户基于匹配变量的标准偏差进行匹配平衡性检验，判定农田保护经济补偿政策受益农户与非受益农户之间匹配变量均值之间差异是否显著，用于检验变量匹配结果的优劣程度。

表 5 - 3　苏州地区受益农户与非受益农户匹配变量的对比（匹配前）

变量		均值		标准偏差（%）	t - test	
		受益农户	非受益农户		t	$p > \mid t \mid$
政策初期	维持农田面积不减少	3.656	3.418	31.9	2.09	0.038***
	调动农田保护积极性	3.391	3.458	−8.7	−0.59	0.553
	改善农田的生态环境	3.422	3.255	20.8	1.39	0.167
	调整承包地种植结构	3.328	3.464	−17.7	−1.21	0.227
	增加农业生产投入	3.313	3.111	26.6	1.85	0.066*
	加快土地集中流转	3.703	3.386	35.0	2.39	0.018**
政策中期	维持农田面积不减少	3.660	3.381	46.8	1.23	0.218
	调动农田保护积极性	3.650	3.252	60.8	0.05	0.960
	改善农田的生态环境	3.621	3.327	47.3	0.22	0.826
	调整承包地种植结构	3.458	3.163	55.0	4.88	0.00***
	增加农业生产投入	3.350	3.136	38.9	3.49	0.001***
	加快土地集中流转	3.808	3.401	55.5	5.02	0.00***

已有文献表明指标的标准偏差越小，匹配效果越好，但是评判匹配效果有效度高低的阈值，目前尚无完全统一的评判标准（邵敏，包群，2012）。阈值的常见评判标准是依据匹配变量标准差绝对值是否低于 20 来进行判断，如果满足条件则认为倾向得分匹配估计结果可靠，反之，则表明匹配效果不好。

苏州地区受益农户与非受益农户的匹配结果由表5-4可知，对苏州地区2012年的数据进行匹配后，匹配变量标准偏差的绝对值均在20以内，表明匹配效果良好，即受益农户与非受益农户在匹配变量上无显著性差异；对苏州地区2015年的数据进行匹配平衡性检验，除了补偿政策调动农田保护积极性和增加农业生产投入两个变量不满足匹配标准，其他匹配变量标准偏差的绝对值均在20以内，这表明其他匹配变量之间差异不显著，可以进行农田保护经济补偿政策效应的评估。

表5-4 苏州地区受益农户与非受益农户匹配变量的对比（匹配后）

变量		均值		标准偏差（%）	标准偏差减少幅度（%）	t-test	
		受益农户	非受益农户			t	p>|t|
政策初期	维持农田面积不减少	3.656	3.594	8.4	73.7	0.53	0.596
	调动农田保护积极性	3.391	3.313	10.2	−16.8	0.60	0.551
	改善农田的生态环境	3.422	3.266	19.4	6.4	1.10	0.276
	调整承包地种植结构	3.328	3.250	10.2	42.5	0.63	0.530
	增加农业生产投入	3.313	3.203	14.5	45.7	0.87	0.387
	加快土地集中流转	3.703	3.672	3.40	90.2	0.20	0.844
政策中期	维持农田面积不减少	3.660	3.640	3.3	92.9	0.33	0.743
	调动农田保护积极性	3.650	3.488	24.8	59.2	2.41	0.016
	改善农田的生态环境	3.621	3.576	7.1	84.9	0.69	0.488
	调整承包地种植结构	3.458	3.473	−2.8	95.0	−0.25	0.800
	增加农业生产投入	3.350	3.222	23.3	40.1	2.18	0.030
	加快土地集中流转	3.808	3.847	−5.4	90.3	−0.50	0.618

成都地区，受益农户与非受益农户匹配前的变量分布如表5-5所示。总体来看，成都地区的变量匹配结果与苏州地区的匹配结果分布整体一致。成都地区2012年的匹配结果中，10%的显著水平上6个匹配变量之间均无显著性差异；成都地区2015年的匹配结果中，受益农户在1%的水平上与非受益农户之间表现出非常显著的差异。具体来说，受益农户在维持农田面积不减少、调动农田保护积极性方面与非受益农户之间有显著性差异，对于差异显著的匹配变量，受益农户的均值整体高于非受益农户。改善农田的生态环境、调整承包地种植结构、增加农业生产投入、加快土地集中流转等4个匹配变量，受益农户与非受益农户之间匹配结果无显著性差异。

表 5-5　成都地区受益农户与非受益农户匹配变量的对比（匹配前）

	变量	均值		标准偏差（%）	t-test	
		受益农户	非受益农户		t	p>|t|
政策初期	维持农田面积不减少	3.504	3.5	0.5	0.03	0.972
	调动农田保护积极性	3.496	3.628	−14.5	−1.03	0.306
	改善农田的生态环境	3.73	3.698	4.1	0.30	0.765
	调整承包地种植结构	3.409	3.477	−9.8	−0.72	0.473
	增加农业生产投入	3.416	3.454	−5.0	−0.37	0.711
	加快土地集中流转	3.416	3.454	−5.0	−0.37	0.711
政策中期	维持农田面积不减少	3.770	3.419	55.1	3.06	0.002***
	调动农田保护积极性	3.728	3.419	42.1	2.45	0.015**
	改善农田的生态环境	3.568	3.032	70.1	1.14	0.255
	调整承包地种植结构	3.300	3.000	43.5	0.89	0.373
	增加农业生产投入	3.324	2.871	69.5	1.84	0.067
	加快土地集中流转	3.331	3.129	30.9	1.57	0.118

对成都地区受益农户与非受益农户倾向得分匹配结果进行分析，遵循标准偏差越小，匹配效果越好的原则（郭君平，吴国宝，2014），设定匹配效果评判的阈值，阈值标准为匹配变量标准差绝对值小于等于 20，从表 5-6 分析结果来看，成都地区 2012 年变量匹配后的结果显示，除了维持农田面积不减少、调动农田保护积极性 2 个匹配变量的标准偏差绝对值不满足阈值要求，其他变量均满足匹配效果良好的阈值范围；成都地区 2015 年变量匹配后的结果显示，改善农田的生态环境、增加农业生产投入 2 个变量匹配效果不理想，剩余变量匹配效果良好，满足阈值要求，可以进行典型地区经济补偿政策平均处理效果的评价。

表 5-6　成都地区受益农户与非受益农户匹配变量的对比（匹配后）

	变量	均值		标准偏差（%）	标准偏差减少幅度（%）	t-test	
		受益农户	非受益农户			t	p>|t|
政策初期	维持农田面积不减少	3.504	3.679	−22.9	−4 700.0	−1.94	0.054
	调动农田保护积极性	3.496	3.781	−31.5	−116.4	−2.68	0.008
	改善农田的生态环境	3.730	3.891	−19.6	−397.9	−1.95	0.052
	调整承包地种植结构	3.409	3.504	−13.7	−39.6	−1.14	0.256

（续）

变量		均值		标准偏差	标准偏差减	t - test	
		受益农户	非受益农户	（%）	少幅度（%）	t	p＞｜t｜
政策初期	增加农业生产投入	3.416	3.569	−19.6	−309.5	−1.66	0.098
	加快土地集中流转	3.416	3.569	−19.6	−309.5	−1.66	0.098
政策中期	维持农田面积不减少	3.77	3.467	−19.8	42.5	−3.51	0.000
	调动农田保护积极性	3.728	3.774	−2.4	89.1	−0.31	0.759
	改善农田的生态环境	3.568	3.174	−95.9	−452.4	−10.05	0.000
	调整承包地种植结构	3.3	3.474	20.8	74.0	3.84	0.000
	增加农业生产投入	3.324	3.484	47.6	13.6	6.05	0.000
	加快土地集中流转	3.331	3.477	−6.2	85.3	−0.84	0.402

4. 平均处理效应

经过匹配平衡性检验，苏州地区和成都地区受访农户满足匹配平衡性检验的阈值要求，下面将采用最近邻匹配、半径匹配、核匹配方式对农户参与补偿政策的平均处理效应进行估算，输出结果如表5-7所示，虽然受益农户与非受益农户的匹配变量存在诸多差异，但倾向得分匹配模型仍然能够有效地削减或控制调研数据的选择性偏误，匹配后的结果显示农田保护经济补偿政策对于苏州和成都等典型创新实践区域内受访农户的家庭收入、家庭支出、家庭劳动力从业情况、补偿政策满意度方面均有比较显著的影响。鉴于篇幅限制，此处只列出最近邻匹配、半径匹配、核匹配方式下处理组的平均处理效应与样本总体的平均处理效应。

（1）补偿政策对农户家庭收入的净影响

采用最近邻匹配、半径匹配、核匹配方式评估农田保护经济补偿政策对于农户家庭收入的平均处理效应，结果如表5-7所示，成都地区2015年补偿政策对受益农户家庭收入的平均处理效应（ATT）估计值在1%的水平上显著，苏州地区两期数据与成都地区2012年的ATT估计值均不显著。这说明，2015年，成都地区实施农田保护经济补偿政策对于获得补偿资金的受益农户家庭人均收入有显著的正向影响。即在农户特征因素相同的条件下，通过倾向得分匹配法求得参与补偿政策受益农户家庭人均年收入为18 176元，比非受益农户家庭人均年收入平均提高1 131元，其中，最高可达2 144元（最近邻匹配法），最少也能提高506元。由此可见，成都地区农田保护经济补偿政策能够显著提升受益农户的家庭人均收入。

表5-7 补偿政策对农户家庭收入的平均处理效应

地区	年份	最近领匹配法		半径匹配法		核匹配法		平均处理效应	
		ATT₁	ATE₁	ATT₂	ATE₂	ATT₃	ATE₃	ATT	ATE
苏州	2012	25 136	3 413	25 136	901	25 136	−393	25 136	1 307
		(0.08)		(0.29)		(−0.01)			
	2015	35 762	2 243	33 836	372	33 836	−427	33 836	729
		(0.27)		(0.00)		(0.06)			
成都	2012	14 044	1 968	14 044	−1 696	14 044	271	14 044	181
		(0.22)		(−0.41)		(0.67)			
	2015	18 176***	2 144	18 176***	744	18 176	506	18 176	1 131
		(2.53)		(5.59)		(1.55)			

（2）补偿政策对农户家庭支出的净影响

从表5-8的数据结果来看，2012年和2015年成都地区实施的农田保护经济补偿政策对于受益农户家庭支出的平均处理效应在1%的水平表现显著，而苏州地区补偿政策对于受益农户家庭经济支出则无显著影响。

表5-8 补偿政策对农户家庭支出的平均处理效应

地区	年份	最近领匹配法		半径匹配法		核匹配法		平均处理效应	
		ATT₁	ATE₁	ATT₂	ATE₂	ATT₃	ATE₃	ATT	ATE
苏州	2012	8 003	340	8 003	491	8 003	77	8 003	303
		(0.39)		(−1.03)		(−0.08)			
	2015	11 421	−1 182	12 091	161	12 091	−1 355	12 091	−792
		(−0.66)		(1.11)		(0.26)			
成都	2012	5 080	272	5 080***	552	5 080	30	5 080	285
		(0.55)		(−2.79)		(0.26)			
	2015	8 601	524	8 601***	556	8 601	173	8 601	418
		(−0.34)		(−6.82)		(−0.27)			

这说明，在其他特征因素不变的条件下，2012年，成都地区实施的农田保护补偿政策促使受益农户家庭人均支出平均比非受益农户家庭支出高285元，家庭人均支出最高可增加552元，最少也会增加30元。2015年，成都地区补偿政策对农户家庭经济支出的平均处理效应为418元，最高处理效应可达556元，最少也有173元。综上所述，成都地区实施农田保护经济补偿政策能

显著增加受益农户的家庭支出，且补偿政策对受益农户家庭经济支出的平均处理效应在政策中期更为显著，但苏州地区补偿政策对农户家庭支出的影响不显著。

（3）补偿政策对农户家庭非农劳动力的净影响

农田保护经济补偿政策对受益农户家庭非农劳动力的平均处理效应如表 5-9 所示，从 ATT 和 ATE 的估计结果来看，2012 年，苏州地区补偿政策对减少农户家庭非农劳动人数有显著的影响，且在 1％的水平上显著。这说明，苏州地区在政策初期，农田保护经济补偿政策使受益农户家庭从事非农劳动的劳动力人数比非受益农户家庭平均减少 0.076 人，即获得补偿资金的受益农户家庭会适当减少家庭非农就业的劳动力人数；2015 年，成都地区实施的农田保护补偿政策对受益农户家庭从事非农就业的劳动力人数同样也具有显著的负向影响，在 1％的水平上显著，这表明受益农户家庭中从事非农就业的劳动力人数比非受益农户家庭从事非农就业的劳动力人数平均少 0.008 人。总体来看，补偿政策实施能够在一定程度上降低受益农户家庭从事非农就业的概率，减少家庭非农劳动力人数。

表 5-9　补偿政策对农户家庭非农劳动力的平均处理效应

地区	年份	最近领匹配法		半径匹配法		核匹配法		平均处理效应	
		ATT_1	ATE_1	ATT_2	ATE_2	ATT_3	ATE_3	ATT	ATE
苏州	2012	2.734 (0.42)	0.081	2.734*** (2.57)	−0.076	2.734 (0.47)	0.173	2.734	0.059
	2015	1.293 (−0.05)	0.695	1.232 (−1.06)	−0.068	1.232 (−0.63)	0.134	1.232	0.254
成都	2012	1.401** (1.97)	0.170	1.401 (1.00)	−0.012	1.401 (0.86)	0.137	1.401	0.098
	2015	1.481 (0.56)	−0.004	1.481*** (3.47)	−0.008	1.481 (0.41)	0.196	1.481	0.061

（4）补偿政策对农户家庭农业劳动力的净影响

补偿政策对农户家庭农业劳动力的影响如表 5-10 所示，补偿政策对受益农户家庭农业劳动力人数有显著正向影响，从苏州和成都两个典型实践地区来看，2012 年，苏州地区补偿政策显著增加受益农户家庭农业劳动力人数，且在 5％的水平上显著。补偿政策对受益农户家庭农业劳动力的净影响比非受益农户家庭高 0.047，这表明，在其他家庭特征不变的条件下，参与补偿政策的受益农户家庭从事农业劳动的劳动力人数平均比非受益农户家庭多增加 0.047

个人；成都地区 2012 年和 2015 年两期数据也印证补偿政策对受益农户家庭农业劳动力人数具有显著的正向影响。2012 年，成都地区补偿政策对受益农户家庭农业劳动力的平均处理效应为 0.006，2015 年，补偿政策对受益农户家庭农业劳动力的平均处理效应为 0.007，在 2012 年和 2015 年，成都地区参与补偿政策的受益农户家庭比非受益农户家庭农业劳动力人数分别增加 0.006 人和 0.007 人。总而言之，参与补偿政策的受益农户家庭农业劳动力人数显著高于非受益农户家庭，获得补偿资金的农户比没有获得补偿资金的农户，家庭农业劳动力更多。

表 5 - 10　补偿政策对农户家庭农业劳动力的平均处理效应

地区	年份	最近领匹配法		半径匹配法		核匹配法		平均处理效应	
		ATT_1	ATE_1	ATT_2	ATE_2	ATT_3	ATE_3	ATT	ATE
苏州	2012	0.344 (−0.83)	0.131	0.344** (−1.96)	0.047	0.344 (0.02)	−0.081	0.344	0.032
	2015	0.286 (0.83)	−0.199	0.310 (0.54)	0.079	0.310 (1.45)	−0.406	0.310	−0.175
成都	2012	1.234 (−0.93)	0.053	1.234*** (−3.27)	0.006	1.234 (−0.55)	−0.028	1.234	0.010
	2015	0.885 (−1.76)	0.084	0.885*** (2.71)	0.007	0.885 (−1.67)	−0.048	0.885	0.014

(5) 补偿政策对农户参与政策满意度的净影响

农田保护经济补偿政策对农户满意度的平均处理效应如表 5 - 11 所示，以 2015 年苏州地区补偿政策对农户满意度的平均处理效应为例，最近邻匹配法与核匹配法结果显示，受益农户参与补偿政策满意度的平均处理效应比非受益农户高 0.095 个单位，补偿政策对受益农户满意度的影响最高可达 0.406 个单位，平均处理效应的影响在 1% 的水平上显著。

表 5 - 11　补偿政策对农户参与政策满意度的平均处理效应

地区	年份	最近领匹配法		半径匹配法		核匹配法		平均处理效应	
		ATT_1	ATE_1	ATT_2	ATE_2	ATT_3	ATE_3	ATT	ATE
苏州	2012	3.453 (−1.37)	0.131	3.453 (−0.54)	0.047	3.453 (−0.93)	−0.081	3.453	0.032

（续）

地区	年份	最近领匹配法		半径匹配法		核匹配法		平均处理效应	
		ATT$_1$	ATE$_1$	ATT$_2$	ATE$_2$	ATT$_3$	ATE$_3$	ATT	ATE
苏州	2015	3.551***	−0.199	3.744	0.079	3.744***	0.406	3.744	0.095
		(1.96)		(−0.48)		(5.06)			
成都	2012	3.591	0.053	3.591***	−0.006	3.591	−0.028	3.591	0.006
		(0.26)		(2.82)		(0.13)			
	2015	4.202	0.084	4.202***	−0.007	4.202	−0.048	4.202	0.010
		(0.57)		(15.8)		(0.73)			

　　成都地区两期调研数据结果显示，补偿政策对农户满意度的平均处理效应均在1‰的水平上显著。其中2012年成都地区补偿政策对受益农户政策满意度的平均处理效应为0.006个单位，最高影响可达0.053个单位。2015年，成都地区补偿政策对受益农户政策满意度的平均处理效应为0.010个单位，对受益农户满意度最高影响可达0.084个单位。总体来说，受益农户的补偿政策满意度比非受益农户更高。

　　本书采用倾向得分匹配模型对典型创新实践地区受访农户参与农田保护经济补偿政策的倾向得分进行估算，采用最近邻匹配、半径匹配和核匹配从不同角度验证了农田保护经济补偿政策的平均处理效果。研究表明，农田保护经济补偿政策能够显著提升受益农户的家庭收入与家庭支出；对受益农户而言，获得农田保护补偿资金能够减少家庭成员从事非农就业的劳动力人数，提高农业生产的劳动力投入；农田保护经济补偿政策对受益农户家庭农业劳动力人数的平均处理效应影响显著高于非受益农户，即补偿政策对受益农户家庭农业劳动力人数增加比非受益农户家庭更多；受益农户对农田保护经济补偿政策的满意度高于非受益农户。

（四）结论与讨论

　　以苏州、成都典型创新实践地区两期农户微观调研数据为例，分析农田保护经济补偿政策对受访农户的家庭收入、家庭支出、劳动力供给以及补偿政策满意度方面的政策成效影响。通过倾向得分匹配模型对受益农户与非受益户参与补偿政策平均处理效应的差异进行比较分析，评估农田保护经济补偿政策的具体成效。采用最近邻匹配、半径匹配和核匹配方法验证农田保护经济补偿政策的平均处理效果，匹配效果相一致。研究表明：实施农田保护经济补偿政策能够显著提升成都地区受益农户家庭人均年收入，其中，补偿政策使受益农户家庭收入比非受益农户平均提高 1 131 元。成都地区农田保护经济补偿政策实施能够有效提升受益农户的家庭支出，其中，2012 年，补偿政策对受访农户家庭支出的平均处理效应为 285 元，也就是说补偿政策使受益农户比非受益农户在家庭支出方面平均多消费 285 元。到 2015 年，补偿政策对农户家庭支出的平均处理效应为 418 元，即受益农户比非受益农户在家庭支出方面平均提升 418 元。农田保护经济补偿政策对受益农户家庭非农劳动力具有一定负向影响，2012 年实施补偿政策使苏州地区受益农户家庭从事非农就业的劳动力人数比非受益农户家庭平均减少 0.076 人。到 2015 年，补偿政策实施使成都地区受益农户家庭从事非农就业的劳动力人数比非受益农户家庭平均减少 0.008 人。此外，补偿政策对受益农户家庭农业劳动力人数提升具有显著正向影响。具体来说，2012 年，补偿政策使苏州地区受益农户家庭农业劳动力人数比非受益农户家庭平均多增加 0.047 人，成都地区 2012 年和 2015 年的调研数据同样印证了政策效果，补偿政策对成都地区受益农户家庭农业劳动力人数的平均处理效应为 0.006 人和 0.007 人。农田保护补偿政策还对农户补偿政策满意度产生影响，其中，苏州地区 2015 年受益农户的补偿政策满意度比非受益农户平均高 0.095 个单位。2012 年，成都地区补偿政策使受益农户补偿政策满意度比非受益农户高出 0.006 个单位，到 2015 年，成都地区补偿政策对受益农户政策满意度正向提升 0.010 个单位。总的来说，受益农户对农田保护经济补偿政策满意度评价比非受益农户更高。苏州与成都地区的受访农户中，受益农户补偿政策的满意度评价显著高于非受益农户。

综上所述，从农田保护补偿政策对农户家庭收入与家庭支出的影响结果来看，成都地区补偿政策显著提升了受益农户家庭收入与家庭支出，苏州地区补偿政策效果不显著。因此，补偿政策需要考虑政策实施的区域异质性，有针对性地开展农田保护补偿，调整现有政策激励机制，为增加粮食产量、提高农民收入、改善农田生态环境创造更好的条件。从劳动力供给来看，补偿政策增加受益农户家庭农业劳动力人数，减少非农劳动力的供给，所以，补偿政策需要对受益农户与非受益农户类型进行细分，明确受益人群特征，适当调整补偿资金分配比例，提升政策效应。

二、受访农户参与农田保护经济补偿政策的影响因素

近年来，农业结构调整、非农建设占用导致我国农田面积急剧减少，这直接威胁到我国的粮食安全与农业产业的稳定，对此国家出台了一系列严厉的耕地保护制度，目的在于激励相关利益主体珍惜和合理利用土地，确保一定数量和质量的耕地，保证耕地资源永续合理利用（李海燕，蔡银莺，2015b）。为

了进一步改善农田生态环境，苏州和成都地区也相继出台了农田生态补偿政策与耕地保护基金制度，通过经济补偿等方式来激励农户保护优质农田的积极性，力求从制度上规范公众行为，达到改善农田生态景观的目的。虽然现有农田保护经济补偿政策能够在一定程度上弥补农田生态环境保护所造成的发展机会损失，但在当前制度环境下，农业比较效益低、生产成本高，政策目标不规范，促使补贴资金在数量上难以弥补农业生产成本增加所带来的压力，造成耕地闲置、搁荒农地等现象的发生。耕地利用低效率和农地非农化的低成本均抑制了补偿政策具体实施成效的提升。因此，本书从制度因素与经济因素视角，分析影响苏州和成都地区受访农户参与农田保护经济补偿政策的关键因素，为调整农田保护经济补偿政策，适时转变补偿策略，完善农田保护补偿制度提供参考依据。

（一）文献回顾

已有学者对农田保护经济补偿政策的具体成效及相关影响因素进行了深入比较与分析，研究发现补偿政策在一定程度上提升了农地质量、改善了农田生态环境、提高了农户的生活水平，但是耕地资源禀赋、农业经营规模、土地产权稳定性、家庭经济水平、区域发展水平等因素也会直接影响农户参与农业环境政策的积极性（马文博，2015）。不稳定的土地产权抑制了农户对土地进行长期投资的兴趣，导致耕地细碎化加剧，阻碍土地经营权流转和适度规模化经营（罗文斌，汪友结，2009）。年龄和文化程度也会影响农户保护农田生态环境的认知（汪阳洁，张静，2009）。家庭拥有耕地资源禀赋越多，则补偿政策对农户参与耕地保护的激励效果就越强烈，耕地资源禀赋与保护意愿的关系表明社会经济条件才是影响补偿政策效应提升的关键（李海燕，蔡银莺，2015b；陈治胜，2011）。土地利用低效益促使农户生计方式多样化，改变了农户的福利水平，并不断推进土地流转行为的发生（苏芳等，2011；李海燕，蔡银莺，2014）。面对市场条件下理性化的参与主体，政府既要降低农田生态补偿政策的农户参与风险，又要尽可能提高补偿政策标准，这表明补偿标准才是提升农户保护农田积极性、改善补偿政策参与意愿的关键（程子良等，2014；张效军，2008a；周小平等，2010）。除此之外，区域发展战略的不均衡使我国东部地区获得优先发展机会，而地方政府对耕地非农化需求以及地区经济发展水平的差异，也引发了耕地保护与经济发展之间供需矛盾的加剧（蔡银莺，朱兰兰，2014；汪阳洁，张静，2009；陈治胜，2011）。李玉新等（2014）对草原地区生态环境保护与补偿政策的成效进行了分析，发现补偿金额、资金发放及时程度均会显著影响牧民对草原生态补偿政策成效的评价结果，未来生态补偿机制与补偿政策的调整要与区域经济因素相融合。

综上所述，影响农户参与农田保护经济补偿政策的经济因素和政策因素有很多，本书基于微观经济视角分析区域异质农户参与补偿政策的制度因素，能够清晰地了解农户诉求，探讨创新实践地区补偿政策成效的差异，为有效提升农户参与农田生态环境保护的积极性与政策效应提供参考意见。

（二）数据变量与研究方法

1. 变量说明

本书采用多分类定序回归（Ordered Probit Regression）模型对典型创新实践地区农田保护经济补偿政策的影响因素进行分析，被解释变量、解释变量和控制变量的数理性统计结果、变量说明如表 5-12 所示。

表 5-12　变量设置及描述性统计

变量设置及度量方法		替代变量或度量方法	苏州		成都	
			均值	标准差	均值	标准差
解释变量						
制度因素	补偿政策实施情况 SP_1	是否享有农田保护经济补偿政策	0.59	0.49	0.84	0.36
	补偿政策执行年限 SP_2	接受农田保护补贴的年限（年）	2.96	2.29	4.49	2.33
	补偿政策满意度 SP_3	非常满意＝5；满意＝4；一般＝3；不满意＝2；非常不满意＝1	3.58	0.81	4.12	0.78
控制变量						
人力资本	健康 HC_1	家庭劳动力健康状况的均值	3.59	0.99	3.65	0.95
	教育 HC_2	家庭劳动力教育年限的均值（年）	6.56	3.29	6.81	2.87
	工作经验 HC_3	家庭劳动力平均工作年限（年）	23.84	18.33	29.40	18.73
	非农职业技能 HC_4	有专业技能的家庭劳动力比例（%）	16.71	29.24	11.15	24.13
物质资本	耕地资源禀赋 PC_1	家庭人均耕地面积（亩）	1.27	0.94	1.20	0.73
	农业经营资本 PC_2	转包地占承包地面积的比例（%）	90.94	24.15	44.84	47.30
	生产性资本 PC_3	人均拥有农业生产性固定资产原值（元）	1 664	18 769	2 325	13 192
金融资本	金融资本 FA_1	家庭人均金融资产总额（元）	33 680	68 578	17 680	14 696
	金融保险 FA_2	家庭购买城镇养老保险比例（%）	57.33	41.82	55.25	39.71
社会资本	乡镇干部户 SC_1	是＝1；否＝0	0.12	0.33	0.13	0.34
	村干部户 SC_2	是＝1；否＝0	0.07	0.25	0.13	0.34
	党员户 SC_3	是＝1；否＝0	0.15	0.36	0.34	0.47

（续）

变量设置及度量方法			替代变量或度量方法	苏州		成都	
				均值	标准差	均值	标准差
就业行为	家庭经营主业	ES_1	非农业＝1；农业＝0	0.17	0.37	0.50	0.50
	非农就业比例	ES_2	非农业劳动力所占比例（％）	66.84	43.69	58.16	41.70
	外出从业时间	ES_3	劳动力人均外出从业时间比例（％）	90.33	15.23	69.28	31.52
家庭特征	家庭类型	FC_1	核心家庭＝1；直系家庭＝2；拓展家庭＝3；不完全家庭＝4	1.62	0.83	2.14	0.49
	家庭规模	FC_2	家庭人口总数	2.83	1.39	3.42	1.46
	人口抚养系数	FC_3	非劳动人数/劳动力人数（％）	46.06	62.29	95.91	129.10
经济水平	村庄经济发展水平	EP_1	村庄相对经济发展水平	3.22	0.82	3.02	0.65
	交通通达度	EP_2	村庄交通便利程度	4.29	0.63	3.77	0.81

（1）被解释变量

本书用"实施农田保护经济补偿政策对农户家庭生活的影响"这一指标来衡量农田保护补偿政策的实施效果。因变量用李克特5级量表形式来表述，其中整数1～5分别表示补偿政策对农户家庭生活的改善程度，由低到高依次为："显著降低""降低""不变""提升""显著提升"。

（2）解释变量

从农田保护经济补偿政策的实施情况、执行年限和补偿政策满意度等方面考虑农田保护经济补偿政策对农户家庭生活的影响。补偿政策的实施情况反映受访地区是否已经开展农田保护经济补偿政策，补偿政策执行年限则反映受访区域补偿政策实施期限的长短，补偿政策满意度反映受访农户以自我感知为基准，评估农田保护经济补偿政策实施的农户满意度。

（3）控制变量

控制变量主要包含对农户家庭生活水平产生影响的因素，如农户家庭的人力资本、物质资本、金融资本、社会资本、区域经济发展水平等经济指标，以及农户就业行为、受访家庭特征等基本要素，控制变量尽量包含可能影响农户家庭生活水平的各方面因素，减少遗漏重要变量所产生的选择性误差，具体如表5-12所示。

人力资本是具有经济价值的知识、技能和体力等因素的总和，与受访者的健康状况、教育水平、工作经验、非农职业技能等因素有关。工作经验表示受访农户家庭劳动力的平均工作年限，非农职业技能反映受访家庭劳动力中具有专业技能的人数比例，很显然，苏州地区样本比例显著高于成都地区。

物质资本又称作经济资本，与农户物质生活息息相关的经济因素主要有耕地资源禀赋、农业经营资本、生产性资本和物质资本等（高梦滔，2006）。为了区分农业生产和非农业生产对于农户家庭生活水平的影响，书中从物质资本和就业行为两个方面考虑。

金融资本是农业生产资本与商业资本交叉的部分，反映农户家庭金融资产额度以及支配比例，与物质资本、就业行为等变量相互独立，主要从家庭人均金融资产数额与家庭成员购买城镇养老保险比例两方面进行考虑。苏州地区受访农户人均金融资产总额是成都地区受访农户的 1.90 倍，两地区之间受访农户购买城镇养老保险的比例相近，但内在政策驱动因素之间存在一定差异。实地调查发现，苏州地区更多农户是自愿购买，而成都地区购买城镇养老保险是享有农田保护补贴的必要前提。由此可知，苏州地区购买养老保险的农户意愿更高。

社会资本是人力资本和物质资本以外存在的概念，泛指社会主体之间紧密联系的特征，依据 Lin（2001）对社会变量的界定，本书选用家庭成员担任乡镇干部、村干部、党员的人数作为评价指标，任意指标大于 0 则表示为 1，否则表示为 0。

就业行为是农户就业类型与就业方向的体现，家庭经营主业从业类型，即家庭生计方式以农业或以非农业为主；非农就业比例指标反映受访农户家庭非农劳动力人数所占比例。苏州地区非农就业与外出从业时间比例均显著高于成都地区。

家庭特征是影响农户家庭生活水平的重要因素，主要包括家庭类型、家庭规模和人口抚养系数。家庭类型中，核心家庭指的是一个家庭只存在一对婚姻关系，由一对夫妇或一对夫妇与未婚子女形成的家庭；直系家庭指的是一个家庭中存在两对及以上婚姻关系，婚姻关系之间是异代关系；拓展家庭指的是一个家庭中存在两对及以上婚姻关系，存在连襟或妯娌关系；不完全家庭指的是夫妻双方离异或一方丧偶，子女由一方抚养的家庭。家庭规模指的是受访家庭人口总数。人口抚养系数是指家庭非劳动力人数与劳动力人数的比值。成都地区家庭规模更大，人口负担比也明显高于苏州地区。

经济水平主要从村庄相对经济发展水平、交通通达度两个方面进行考虑。调查显示，苏州地区村庄相对经济发展水平和道路交通便捷程度整体优于成都地区。

2. 模型构建

回归模型的因变量设为"农田保护经济补偿政策的实施效应"，属于多分类定序变量，采用多分类定序 probit 回归进行模拟。假设，存在能够代表解释变量的指标 Y，则不能被观测的潜变量用 Y^* 表示，对应表达式为：

$$Y_i^* = \beta X_i + \varepsilon_i \qquad (5-13)$$

式（5-13）中，Y_i^* 表示潜变量，β 是待估参数，X_i 表示所有自变量的集合，ε_i 表示随机扰动项；此时，假设 $\alpha_1 < \alpha_2 < \alpha_3 < \alpha_4$ 是未知割点，则定义：

$$\begin{aligned}
&Y = 1, \text{如果 } Y^* \leqslant \alpha_1 \\
&Y = 2, \text{如果 } \alpha_1 < Y^* \leqslant \alpha_2 \\
&Y = 3, \text{如果 } \alpha_2 < Y^* \leqslant \alpha_3 \qquad (5-14) \\
&Y = 4, \text{如果 } \alpha_3 < Y^* \leqslant \alpha_4 \\
&Y = 5, \text{如果 } Y^* > \alpha_4
\end{aligned}$$

随机扰动项 ε_i 服从标准正态分布的情况下，如果用 $\varphi(\cdot)$ 来表示标准正态分布的分布函数，则可以得到农田保护经济补偿政策的实施效应 Y 的条件概率，用（5-14）式表示：

$$\begin{aligned}
&\Pr(Y = 1 \mid X) = \Pr(Y^* \leqslant \alpha_1) = \varphi(1) \\
&\Pr(Y = 2 \mid X) = \Pr(\alpha_1 < Y^* \leqslant \alpha_2) = \varphi(2) \\
&\Pr(Y = 3 \mid X) = \Pr(\alpha_2 < Y^* \leqslant \alpha_3) = \varphi(3) \\
&\Pr(Y = 4 \mid X) = \Pr(\alpha_3 < Y^* \leqslant \alpha_4) = \varphi(4) \\
&\Pr(Y = 5 \mid X) = \Pr(Y^* > \alpha_4) = 1 - \varphi(1) - \varphi(2) - \varphi(3) - \varphi(4)
\end{aligned}$$
$$(5-15)$$

式（5-15）中，$\varphi(i) = \varphi(\alpha_i - f(X)), (i = 1,2,3,4), f(X) = \beta X_i + \varepsilon_i$。在多分类定序 probit 模型中，如果随机扰动项与解释变量之间相互独立，采用极大似然法（ML）可以得到回归系数的一致估计。

（三）农户参与农田保护经济补偿政策成效的影响因素分析

以苏州和成都典型地区实际调研数据为例，采用多分类定序 probit 模型回归，利用 STATA 软件 13.0 版本，分析苏州和成都地区影响农户参与农田保护政策效应的经济要素及区域差异。

1. 苏州地区补偿政策成效的影响因素分析

（1）解释变量说明

以苏州地区 2015 年的调研数据为例，进行多分类定序 probit 模型回归，鉴于篇幅限制，书中仅输出部分回归结果，如表 5-13 所示。回归模型的对数似然比为 -354.380，卡方似然比（$LR - \text{chi}^2$）为 73.59，p 值（$Prob > \text{chi}^2$）为 0.000，上述结果表明苏州地区调研样本整体效果显著，模型整体拟合指数（Pseudo R^2）为 0.094，也同样印证了模型参数的有效性。

表 5 - 13　苏州地区农田保护经济补偿政策的影响因素分析

变量度量方法		模型 1			边际效果				
		系数	T 值	$p>t$	非常不显著	不显著	一般	显著	非常显著
解释变量									
制度因素	SP_1	0.167	3.30	0.011**	−0.001	−0.005*	−0.027**	0.011*	0.023*
	SP_2	0.045	1.06	0.288	0.000	−0.001	−0.007	0.003	0.006
	SP_3	−0.009	−0.20	0.839	0.000	0.000	0.001	−0.001	−0.001
控制变量									
人力资本	HC_1	1.133	2.66	0.008***	−0.010	−0.032**	0.185***	0.072***	0.156***
	HC_2	0.560	3.36	0.001***	−0.005	−0.016**	0.092***	0.036***	0.077***
	HC_3	−0.549	−0.89	0.372	0.005	0.016	0.090	−0.035	−0.075
	HC_4	0.000	−0.55	0.582	0.000	0.000	0.000	0.000	0.000
物质资本	PC_1	−0.364	−2.22	0.023*	0.003	0.010**	0.060	−0.023*	−0.050
	PC_2	0.343	0.94	0.347	−0.003	−0.010	−0.056	0.022	0.047
	PC_3	−0.287	−0.59	0.554	0.002	0.008	0.047	−0.018	−0.039
金融资本	FA_1	0.804	2.30	0.022**	−0.007	−0.023*	0.132**	0.051**	0.110**
	FA_2	−0.061	−0.16	0.876	0.001	0.002	0.010	−0.004	−0.008
社会资本	SC_1	−0.367	−0.51	0.608	0.003	0.010	0.060	−0.023	−0.050
	SC_2	−0.315	−0.39	0.700	0.003	0.009	0.052	−0.020	−0.043
	SC_3	0.450	1.70	0.089*	−0.004	−0.013	−0.074*	0.029*	0.062*
就业行为	ES_1	−0.057	−1.02	0.308	0.000	0.002	0.009	−0.004	−0.008
	ES_2	−0.070	−0.48	0.633	0.001	0.002	0.011	−0.004	−0.010
	ES_3	1.174	4.58	0.000***	−0.010*	−0.033***	−0.192***	0.075***	0.161***
家庭特征	FC_1	−0.175	−0.99	0.323	0.002	0.005	0.029	−0.011	−0.024
	FC_2	0.208	1.40	0.161	−0.002	−0.006	−0.034	0.013	0.029
	FC_3	−0.465	−1.96	0.050**	0.004	0.013*	0.076**	−0.030*	−0.064**
经济水平	EP_1	−0.031	−0.23	0.815	0.000	0.001	0.005	−0.002	−0.004
	EP_2	0.231	0.97	0.332	−0.002	−0.007	−0.038	0.015	0.032
样本数		350							
卡方似然比		73.59							
$Prob>chi^2$		0.000							
对数似然值		−354.380							
Pseudo R^2		0.094							

由表 5-13 可知,苏州地区补偿政策实施情况这一制度因素效果显著。在模型 1 中,维持其他指标变量不变,解释变量每增加 1 个单位,补偿政策对农户家庭生活水平的影响就提升 0.167 个单位。由于因变量是分类变量,所以对因变量中每种情况的边际效应进行分析,预测其可能发生的概率。依据模型 1 的预测结果,分析参与农田保护经济补偿政策对农户生活水平的影响,可知其他变量保持不变,获得补贴的农户比没有获得补贴的农户,生活水平显著提升 0.167 个单位,结果表明,补贴资金能够显著改善农户生活水平。

(2) 控制变量说明

从人力资本来看,选定的 4 个变量中,健康和教育程度 2 个变量结果显著,即健康状况、教育水平对受访农户农田保护经济补偿政策实施成效提升具有显著的正向影响。其中,健康因素回归系数为 1.133,这说明,维持其他指标变量不变,受访农户健康状况每提升 1 个单位,农户家庭生活水平提升 1.133 个单位。同理,维持其他指标变量不变,教育水平每增加 1 个单位,农户家庭生活水平提升 0.560 个单位。农户工作经验与非农职业技能表现并不显著。由此来看,提升受访农户个人及家庭成员的身心健康与受教育程度,都将有利于改善农户家庭现有生活水平。

从物质资本来看,耕地资源禀赋指标在 5% 水平上显著,从回归系数来看,耕地资源禀赋与农户家庭生活水平之间呈反向相关关系,耕地资源禀赋每提升 1 个单位,农户家庭生活水平降低 0.364 个单位,这一结果与苏州地区实地调研情况相吻合,在苏州市 2015 年的受访农户中,土地经营权流转的农户比例占到样本总量的 95.71%,显著高于 2012 年的 70.97%。土地流转已成大势所趋,户均耕地仅 2.84 亩的农业收入水平已经很难维持当地农户家庭基本生活开支,更多农户家庭生计以非农就业为主要生计来源,对于大部分土地转出农户而言,耕地资源禀赋并不与农户家庭生活水平改善成正比。

从金融资本来看,家庭人均金融资产越多,则对农户生活水平的改善程度也越大,维持其他变量不变,农户家庭人均金融资产每增加 1 个单位,对应农户家庭生活水平提升 0.804 个单位。

从社会资本来看,党员家庭的生活水平提升速度比非党员家庭快,维持其他变量不变,党员家庭生活水平比非党员家庭平均多提升 0.450 个单位,效果更显著。

从就业行为来看,家庭经营主业、非农就业比例和外出从业时间 3 个变量中,外出从业时间变量表现显著,即受访农户外出从业时间每增加 1 个单位,对应农户家庭生活水平提升 1.174 个单位,外出从业时间是显著改善农户家庭生活水平的因素，外出从业时间越长，则经济收入越高，对受访家庭生活水平改善也就越快。

从家庭特征来看，人口抚养系数在 5% 的水平上显著，人口抚养系数是农户家庭中非劳动力人数与劳动力人数之比。人口抚养系数每增加 1 个单位，受访农户家庭生活水平降低 0.465 个单位。即受访农户家庭人口抚养系数越高，则农户家庭非劳动力的比例就越高，家庭经济负担就越重，越不利于农户家庭生活水平的改善。

从村庄经济发展水平来看，村庄相对经济发展水平与交通通达度在 10% 的水平上均不显著，实地调研发现，虽然村庄相对较高的经济发展水平与便利的交通条件会方便当地农户的日常生活，但农户家庭生活水平的提升，还需农户家庭自身条件的改变，比如提升教育程度，增加外出从业时间。

2. 成都地区补偿政策成效的影响因素分析

（1）解释变量说明

以 2015 年成都地区调研数据为例，进行多分类定序 probit 回归，模型输出结果如表 5-14 所示，回归模型对数似然比为 -377.717，数值越大则模型效果越好。模型共包含样本 318 个，自动剔除缺失数据的样本，卡方似然比为 57.61，p 值（$Prob > chi^2$）为 0.000 5，p 值显著，表明成都地区调研数据整体效果良好，模型整体拟合指数（Pseudo R^2）为 0.071，进一步印证模型整体效果的显著性。

模型 2 中，制度因素包含 3 个变量，补偿政策执行年限变量在 1% 的水平上显著，其他变量不显著。这表明，其他变量不变的前提下，政策执行年限每增加 1 年，受访农户生活水平提升 0.359 个单位。成都地区补偿政策执行时间越长，对受访农户家庭生活水平的提升程度就越高。

（2）控制变量说明

控制变量包含人力资本、物质资本、金融资本、社会资本、就业行为、家庭特征和经济水平等 7 种类型。

从人力资本看，只有教育程度在 1% 的水平上显著，其他变量不显著。在其他变量不变的前提下，受访农户的教育水平每提升 1 个单位，对应农户生活水平增加 1.593 个单位，教育水平能够显著提升农户家庭生活水平。

从物质资本来看，农业经营资本在 5% 的水平上显著，农户家庭农业经营资本每增加 1 个单位，则受访农户家庭生活水平提升 1.489 个单位。这表明，控制其他变量不变，农户家庭农业经营资本越高，对应农户家庭生活水平的改善程度就越高。成都地区，受访家庭户均耕地面积为 3.39 亩[①]，土地转包的

---

① 亩为非法定计量单位，1 亩≈667m²。——编者注

农户比例在不断上升，流转比例由 2012 年的 33.18％上升至 2015 年的 50.63％；成都地区土地流转比例不断上升，促使农户家庭转移更多农业劳动力，改善受访家庭的生活水平。

从金融资本来看，模型 2 中，成都地区金融资产变量在 5％水平上显著。回归系数为 0.882，这表明，成都地区农户家庭人均金融资产越多，则对农户家庭生活水平的改善越大，控制其他变量不变，金融资产每增加 1 个单位，对应农户家庭生活水平提升 0.882 个单位。

从社会资本来看，有村干部的农户家庭比没有村干部的家庭，生活水平改善程度更高。村干部变量的回归系数为 1.524，在 10％的水平上显著，而乡镇干部户和党员户两项指标在成都地区回归模型中并不显著。

从就业行为来看，非农就业比例在 10％的水平上显著，这表明，控制其他变量不变的情况下，农户家庭非农劳动力比例每增加 1 个单位，农户家庭生活水平改善 0.545 个单位，非农就业比例是显著改善农户家庭生活水平的控制变量，随土地流转的不断加快，农村劳动力开始向城市转移，非农就业成为农户维持生计的主要来源。

表 5-14　成都地区农田保护经济补偿政策的影响因素分析

变量度量方法		模型 2			边际效果				
		系数	T 值	$p>t$	非常不显著	不显著	一般	显著	非常显著
解释变量									
制度因素	SP_1	0.095	0.42	0.677	0.004	−0.001	−0.003	0.001	0.004
	SP_2	0.359	3.01	0.003***	−0.074*	0.023	0.070*	−0.028	−0.074*
	SP_3	−0.023	−0.86	0.390	−0.007	0.002	0.007	−0.003	−0.007
控制变量									
人力资本	HC_1	−2.254	−0.92	0.357	0.013	−0.004	−0.012	0.005	0.013
	HC_2	1.593	3.07	0.002***	−0.049***	−0.015**	0.046***	0.018**	0.049***
	HC_3	0.896	1.02	0.308	−0.003	0.001	0.003	−0.001	−0.003
	HC_4	0.000	0.35	0.727	−0.308	0.095	0.289	−0.115	−0.308
物质资本	PC_1	0.000	0.71	0.479	0.122	−0.038	−0.115	0.046	0.122
	PC_2	1.489	2.26	0.024**	−0.218***	−0.067**	0.204***	0.081**	0.218***
	PC_3	0.448	0.65	0.514	0.000	0.000	0.000	0.000	0.000
金融资本	FA_1	0.882	1.91	0.056**	−0.203**	0.062*	0.191**	−0.076*	−0.203**
	FA_2	0.706	0.87	0.384	0.000	0.000	0.000	0.000	0.000

（续）

变量度量方法		模型 2			边际效果				
		系数	T值	p>t	非常不显著	不显著	一般	显著	非常显著
社会资本	SC_1	−0.058	−0.10	0.922	0.061	−0.019	−0.057	0.023	0.061
	SC_2	1.524	1.68	0.092*	0.121**	−0.037	−0.113*	0.045*	0.121**
	SC_3	−0.588	−0.83	0.406	−0.122	0.037	0.114	−0.045	−0.122
控制变量									
就业行为	ES_1	0.026	0.28	0.781	0.096	−0.030	−0.090	0.036	0.096
	ES_2	0.545	1.84	0.066*	0.208*	0.064	−0.195*	−0.078	−0.208*
	ES_3	−0.053	−0.11	0.911	−0.008	0.002	0.007	−0.003	−0.008
家庭特征	FC_1	−0.074	−0.31	0.753	0.004	−0.001	−0.003	0.001	0.004
	FC_2	0.349	1.90	0.057*	0.048*	−0.015	−0.045*	0.018*	0.048*
	FC_3	0.225	0.50	0.618	0.008	−0.002	−0.007	0.003	0.008
经济水平	EP_1	0.026	0.06	0.955	−0.010	0.003	0.009	−0.004	−0.010
	EP_2	0.055	0.37	0.714	−0.017	0.005	0.016	−0.006	−0.017
样本数		314							
$LR\ chi^2$		57.61							
$Prob>chi^2$		0.000 5							
对数似然值		−377.716 8							
Pseudo R^2		0.070 9							

从家庭特征来看，家庭规模在 10% 的水平上显著，控制其他变量不变，农户家庭规模每增加 1 个单位，农户家庭生活水平改善 0.349 个单位，家庭规模扩大，对应劳动力比例也在上升，这对农户家庭生活水平改善具有显著的正向作用。

（四）农户参与补偿政策成效的影响因素比较及差异

对比苏州地区和成都地区的回归模型结果，在提升农户家庭生活水平方面，影响补偿政策成效的制度因素、经济因素之间具有显著的区域差异。苏州地区，制度因素中，享有农田保护经济补偿政策会显著提升农户的家庭生活水平。经济因素中，家庭人均金融资产能够显著提升农田保护经济补偿政策的成效，特别是在改善农户家庭生活水平方面。其他控制变量中，受访农户的健康状况、教育程度、是否为党员户以及家庭成员外出从业时间均是显著正向影响补偿政策实施成效的关键，而耕地资源禀赋、人口抚养系数则不利于补偿政策成效的提升，特别是在改善农户家庭生活水平方面，负向影响显著。成都地区，制度因素中，补偿政策执行年限对于农户参与农田保护补偿的政策成效具有显著的正向影响。经济因素中，家庭人均金融资产、农业经营资本是有效提升农田保护经济补偿政策成效，改善受访农户家庭生活水平的关键。其他控制变量中，受访农户的教育程度、是否有村干部、非农就业比例以及家庭规模变量对农田保护经济补偿政策成效提升也具有显著的正向影响。

总而言之，制度因素中，享有农田保护政策补贴，政策执行年限越长的农户家庭，农田保护经济补偿政策成效提升效果就越显著，特别是在提升农户家庭生活水平方面。经济因素中，家庭人均金融资产、农业经营资本是正向提升农田保护经济补偿政策成效的关键，能够有效改善受访农户的家庭生活水平。其他控制变量中，苏州地区耕地资源禀赋与人口抚养系数两个变量是降低农田保护经济补偿政策效果的主要因素，耕地资源禀赋越多、家庭人口负担比越重，则越不利于农户家庭生活水平的改善。

三、受访农户参与农田保护补偿政策成效提升的障碍因素

(一) 文献回顾

农田保护经济补偿政策实施效应研究是近年来学界关注的热点，地方政府对于如何评估农田保护经济补偿政策的实施效率也比较关注。目前，欧美发达国家对农业环境政策效率的影响因素分析主要集中在区域政策评估、政策参与率与扰动因素、补偿政策后期监管、补偿资金有效性评价等方面。国内部分学者也对区域层面的生态补偿政策问题进行研究。其中，丁四保和王晓云（2008）从区域层面对我国生态补偿机制确立进行了分析，外部性的存在造成生态环境的破坏，如果没有政策约束，参与主体都将倾向规避环境保护成本，努力发展经济，造成生态补偿政策的低效率。杜继丰和袁中友（2013）从耕地保护视角分析区域耕地保护政策的成效，建议区域耕地保护工作应以生态安全、粮食安全、经济安全为主要出发点。甘黎黎和李睿（2015）从生态补偿、公众参与、政府管制、直接供给等方面对区域生态治理的政策工具进行选择，并从政策目标界定、政策工具优化等方面提供政策建议。王晓云（2010）对绿色新政的执行机制进行研究，分析新型环保政策对传统农业环境政策的影响，探讨了地区开展生态补偿政策的主要模式。陈傲（2008）从省际层面分析生态环境保护资金投入、产业结构等因素对我国区域生态效率的影响。侯成成等（2011）以生态补偿政策的政策目标、政策成效为基础，分析生态补偿政策对区域经济、社会发展和环境改善产生的影

响。罗能生等（2013）比较了区域城市化水平与生态效率高低之间的关系，比较不同区域之间生态保护效率的差异，研究发现区域环境政策、产业机构、技术水平是影响区域生态效率高低的主要因素。由此可知，国内对区域差异下农田生态补偿政策效率的研究，注重政策机制探讨、政策模式借鉴、政策工具选择和补偿政策的效率估算，鲜有以微观数据为例，比较影响区域异质类型农户参与农田生态补偿的政策成效及差异。基于此，本书以苏州和成都地区微观农户调研数据为例，从区域异质性角度，分析农户参与农田保护经济补偿政策效应提升的障碍因素及差异。

（二）数据变量与研究方法

1. 数据变量

为了分析农田保护经济补偿政策成效提升的障碍因素，本书从补偿政策农户满意度视角展开，选取补偿范围、补偿标准、补偿类型、资金发放形式、资金分配合理性、补偿账务公开性、补偿资金用途限制、政府对补偿政策的监督管理等 8 个方面，分析限制不同类型地区农户参与补偿政策的主要障碍因素。区域异质农户类型划分主要依据受访农户来源，苏州地区和成都地区调研数据为受访农户类型划分提供依据。补偿类型分为物质补偿、现金补偿、技术培训补偿、养老补偿 4 类；补偿发放形式分为资金按月发放、按季度发放、按年发放 3 类；补偿资金分配主要指补偿资金完全发放给农户或是按一定比例在村庄与农户之间进行分配；补偿资金使用要求主要指补偿资金的分配是全部由农户自由消费还是定向只能用于农户购买养老保险和农业保险。障碍因素用变量 $C_1 \sim C_8$ 表示，实地调研中，障碍因素用李克特 5 级量表形式进行记录，$5 \sim 1$ 分别表示障碍因素的显著程度，5 表示指标表现非常显著，1 则表示指标非常不显著。

表 5-15　不同类型地区农户参与补偿政策效应提升的障碍因素定义及说明

障碍因素	符号	变量定义	取值
缺乏明确的补偿范围	C_1	非常显著～非常不显著	$5 \sim 1$
缺乏统一的补偿标准	C_2	非常显著～非常不显著	$5 \sim 1$
补偿类型限定不一致	C_3	非常显著～非常不显著	$5 \sim 1$
资金发放形式不明确	C_4	非常显著～非常不显著	$5 \sim 1$
补偿资金分配不合理	C_5	非常显著～非常不显著	$5 \sim 1$
补偿账务对外不公开	C_6	非常显著～非常不显著	$5 \sim 1$
补偿资金用途限制多	C_7	非常显著～非常不显著	$5 \sim 1$
政策实施缺乏监督管理	C_8	非常显著～非常不显著	$5 \sim 1$

　　典型示范区内农田保护经济补偿政策效应提升障碍因素的描述性统计如
表 5-16 所示。整体来看，补偿政策实施阶段，限制苏州地区补偿政策效应提
升的障碍因素均值上升较为明显，表明补偿政策实施过程中，显现的障碍问题
越来越多；成都地区障碍因素指标的均值有一定程度的下降，表明政策实施过
程中，耕地保护补偿政策在不断调整和完善，农户对补偿政策的满意度也在不
断上升，限制政策效应提升的障碍因素在不断减少。

表 5-16　障碍因素的描述性统计

项目		2012 年				2015 年			
		最小值	最大值	均值	标准差	最小值	最大值	均值	标准差
苏州	缺乏明确的补偿范围	1	4	2.237	0.75	1	5	2.538	1.05
	缺乏统一的补偿标准	1	5	2.288	0.79	1	5	2.769	1.09
	补偿类型限定不一致	1	4	2.268	0.74	1	5	2.769	1.17
	资金发放形式不明确	1	4	2.247	0.67	1	5	2.538	1.27
	补偿资金分配不合理	1	4	2.247	0.68	1	5	2.462	1.13
	补偿账务对外不公开	1	4	2.232	0.68	2	5	2.538	1.27
	补偿资金用途限制多	1	4	2.237	0.69	2	5	2.615	1.04
	政策实施缺乏监督管理	1	5	2.253	0.74	1	5	3.000	1.00
成都	缺乏明确的补偿范围	1	5	2.917	0.96	1	5	2.409	0.76
	缺乏统一的补偿标准	1	5	2.550	0.89	1	4	2.416	0.74
	补偿类型限定不一致	1	5	3.083	0.91	1	5	2.628	0.99
	资金发放形式不明确	1	5	2.267	0.90	1	5	2.416	0.78
	补偿资金分配不合理	1	5	2.367	0.88	1	5	2.533	0.93
	补偿账务对外不公开	1	5	2.267	0.92	1	5	2.526	0.88
	补偿资金用途限制多	1	5	2.950	0.91	1	5	2.511	0.88
	政策实施缺乏监督管理	1	5	3.367	0.97	1	5	3.241	1.00

　　苏州地区，随着补偿政策的实施，障碍因素指标的农户认知也在不断上
升，影响苏州地区农田保护补偿政策效应提升的最主要障碍因素是补偿政策缺
乏后期监督管理，2015 年，农户对政策缺乏监管的认知比例比 2012 年提高了
33.16%；其次，政策补偿类型限定不一致和补偿标准不统一也是比较显著的
障碍因素，虽然补偿政策依据土地类型、农田等级、承包地属性对补偿类型和
补偿标准进行了严格的限定，但在补偿政策实施过程中，部分村集体按照公式
（5-16）重新计算补偿政策标准，并按平均后的补偿标准发放补偿资金，这也
造成不同村集体之间农田保护补偿标准的差异，由表 5-17 所示，新的补偿标

准①与村集体内部基本农田面积和一般耕地面积有关。

$$补贴标准 = \frac{（基本农田面积 \times 400）+（一般耕地面积 \times 200）}{基本农田数量 + 一般耕地数量}$$

$$(5-16)$$

表 5-17 农田保护经济补偿标准

地区	政策规定的补偿标准		实际享有的补偿标准		样本数
	2012 年	2015 年	2012 年	2015 年	
苏州	基本农田：400 元/亩 一般耕地：200 元/亩	基本农田：400 元/亩 一般耕地：200 元/亩	297 元/亩	339 元/亩	225
成都	基本农田：400 元/亩 一般耕地：300 元/亩	基本农田：400 元/亩 一般耕地：300 元/亩	353 元/亩	318 元/亩	415

差别化的农田保护补偿标准，导致农户对补偿政策的认知与满意度的差异，进而制约农田保护经济补偿政策的实施效率。除此之外，补偿资金用途限制较多也是制约政策效率提升的关键障碍因素，两期调研数据显示，补偿资金用途限制多指标的均值提高了 16.90%。而补偿资金发放形式、补偿资金分配以及补偿账务对外公开程度等变量的均值在政策实施过程中变化程度相对较小。

成都地区，农户对补偿政策整体效果的认知高于苏州地区，补偿政策的农户参与度也高于苏州地区。从描述性统计结果来看，政策实施过程中，限制补偿政策效率提升的主要障碍因素是：补偿账务公开程度、补偿资金分配、补偿资金发放形式，2015 年，成都地区受访农户对障碍因素的认知比 2012 年分别提高了 11.42%、7.01% 和 6.57%。农田保护经济补偿政策规定补偿资金只能用于农户购买农村养老保险和农业保险补贴，对于购买农业保险的那部分补贴资金，具体如何分配，农户并不知晓，这也造成农户对补偿资金账务公开的持续关注。而在缺乏明确的补偿范围、补偿资金用途限制多、补偿类型限定不一致、缺乏统一的补偿标准和补偿政策缺乏后期监管等方面，农户认知程度有显著的降低，其中缺乏明确的补偿范围降低程度最显著，降低了 17.42%，补偿政策缺乏监督管理的降幅最小，为 3.74%，这表明成都地区在农田保护经济补偿政策实施过程中，补偿政策范围越来越明确，农户能够更清晰地了解到补偿范围的边界，但是补偿政策缺乏监督管理的认知降幅最小，说明补偿政策后

---

① 如果农户家庭承包地全部是基本农田，则实际补偿金额会低于政策规定的补偿金额；如果家庭承包地全是一般耕地，则实际补偿金额会高于政策规定的补偿金额。

期监管方面，地方政府仍存在监管漏洞，需要进一步去完善补偿政策条例。从成都地区障碍因素的变动情况来看，政府决策部门未来可以在补偿政策监管、补偿账务公开、补偿资金分配和补偿资金发放形式等方面不断完善政策的规定，使农户从补偿政策中获得更多效益，激励农户参与政策的积极性，同时有效提升补偿政策的实施效应。

2. 研究方法

农田保护经济补偿政策实施效应评价是一个庞大的系统工程，需要多方面因素来综合评判。以农田保护经济补偿政策实施过程中存在的问题为依据，结合调研数据的可获性与可操作性，利用基于熵权改进的 TOPSIS 模型，对影响不同类型地区农户参与农田保护经济补偿政策效应提升的障碍因素进行诊断。

（1）基于熵权改进的 TOPSIS 模型

以熵权改进为基础的 TOPSIS 模型适用于多评价单元、多指标变量的模型，对样本数量与样本分布无严格限制。具体步骤包括：

①依据指标体系，建立特征矩阵，设 m 个指标，n 个评价对象的数据矩阵 X：

$$X = \{x_{ij}\}_{m \times n} = \begin{bmatrix} x_{11} & x_{12} & \cdots & x_{1n} \\ x_{21} & x_{22} & \cdots & x_{2n} \\ \cdots & \cdots & \cdots & \cdots \\ x_{m1} & x_{m2} & \cdots & x_{mn} \end{bmatrix} \quad (5-17)$$

②数据规范化处理。构造加权的规范化决策矩阵，采用熵权法，计算权重：

为了消除量纲带来的影响，采用极值法对各项评价指标进行归一化处理，极值则根据各个指标的最大值和最小值来确定（李海燕 等，2016）。归一化的计算公式如下：

$$x_{ij}' = \frac{x_{ij} - Min_j}{Max_j - Min_j}$$

$$x_{ij}' = \frac{Max_j - x_{ij}}{Max_j - Min_j} \quad (5-18)$$

式（5-18）中，x_{ij}' 表示第 i 个地区第 j 项指标的归一化值；x_{ij} 表示第 i 个地区第 j 项指标的实际值，$x_{ij}' \in [0, 1]$；Max_j、Min_j 分别表示研究区域内第 j 项指标的最大值和最小值。P_{ij} 值表示综合的标准化值（李海燕 等，2016）。

$$P_{ij} = x_{ij}' / \sum_{i=1}^{m} x_{ij}' \quad (i = 1, 2, \cdots, m) \quad (5-19)$$

③确定评判指标权重。构造权重矩阵，其中，第 j 项指标的熵值 e_j 的计算式如式（5-20）所示：

$$e_j = -k \sum_{i=1}^{m} P_{ij} \ln P_{ij} = -\frac{1}{\ln n} \sum_{i=1}^{m} P_{ij} \ln P_{ij} \quad (j = 1, 2, \cdots, n)$$

$$(5-20)$$

然后，计算第 j 项指标的差异性系数 g_j：

$$g_j = 1 - e_j \qquad (5-21)$$

计算第 j 项指标的权重系数 W_j：

$$W_j = g_j / \sum g_j \qquad (5-22)$$

利用标准化后的 $x=(x_{ij}{}')$ 与熵权法确定的指标权重 $W_j=(W_1,W_2,\cdots,W_j)$ 一起建立加权的规范化矩阵 V：

$$V = \sum W_j \times x_{ij} \qquad (5-23)$$

④确定正理想解 V^+ 和负理想解 V^-：

$$V^+ = \left\{ \left[\max_i V_i\right], \left[\min_i V_i\right] \quad (i=1,2,\cdots,m) \right\}$$

$$V^- = \left\{ \left[\min_i V_i\right], \left[\max_i V_i\right] \quad (i=1,2,\cdots,m) \right\} \qquad (5-24)$$

式（5-24）中，V 是一个 $m \times k$ 的矩阵；V^+ 为权重规范化矩阵的正理想解；V^- 为权重规范化矩阵的负理想解（李海燕 等，2016）；

⑤计算指标间距离。估算表征政策成效提升的障碍因素指标到对应指标正负理想解之间的距离：

$$D^+ = \sqrt{\sum_{j=1}^{n}(X_{ij}-X_j^+)^2} \quad (i=1,2,\cdots,m)$$

$$D^- = \sqrt{\sum_{j=1}^{n}(X_{ij}-X_j^-)^2} \quad (i=1,2,\cdots,m) \qquad (5-25)$$

式（5-25）中，D^+ 为各评价指标距离全局最优指标的远近程度，D^+ 值越小，说明农户对政策效果的评价结果距离正理想解越近，政策效果越好；D^- 为各评价指标与最劣指标的接近程度，D^- 值越小，说明农户对补偿政策的评价效果距离负理想解越近，评价效果越差（文高辉 等，2014；刘浪，2010）。

⑥计算正理想解的贴近度。评价对象与最优目标决策之间的贴近程度为 C_i：

$$C_i = D_i^+ / (D_i^+ + D_i^-) \qquad (5-26)$$

式（5-26）中，C_i 介于0~1之间，C_i 值越大，表明农户对农田保护经济补偿政策效果的评价越高，反之亦然。$C_i=1$ 表明对应农田保护经济补偿政策效果评价最优，能够满足农户的心理预期和目标；$C_i=0$ 则表示对应农田保护经济补偿政策效果评价最劣，政策没有达到农户预期目标。

（2）障碍度模型

在农田保护经济补偿政策实施成效的基础之上，对限制补偿政策成效提升的障碍因素进行诊断，分析影响政策效果的主要障碍因子，为进一步完善政策提供参考依据。障碍度模型主要采用因子贡献度、偏离度与障碍度等变量来估计。因子贡献度 U_j 为单因素对总目标的权重（w_j）；偏离度（I_j）为评价指标与农田保护经济补偿政策效果目标之间的差距；障碍度（Y_j, y_j）为分类指标和单项指标对补偿政策效果评价的影响程度（文高辉 等，2014）。

$$y_{ij} = I_{ij}w_j \Big/ \sum_{j=1}^{n} I_{ij}w_j,\ Y_{ij} = \sum y_{ij} \qquad (5-27)$$

式中，$I_{ij} = 1 - r_{ij}$，r_{ij} 为单项指标的标准化值，采用极值标准化法求得。

（三）受访农户参与农田保护补偿政策效应提升的障碍因素

1. 区域异质农户参与政策效应提升的障碍因素的熵权系数

因苏州和成都地区经济发展水平、地方政策差异以及对补偿政策关注程度等因素的影响，导致区域异质类型农户参与农田保护经济补偿政策效应存在一定差异，本书以苏州和成都两个典型创新实践地区为实例，依据指标体系，建立样本数据的特征矩阵，通过构造加权的规范化决策矩阵，对数据进行规范化处理，消除量纲的影响；随后，采用极差法对各项指标进行归一化处理，计算权重，再确定规范化矩阵对应的正负理想解，借助障碍因素指标的评价体系判定障碍因素与正负理想解之间的距离，并估算指标因素距离最优目标之间的差距；最后，借助障碍度模型，对比分析限制异质类型农户参与补偿政策效应提升的障碍因素。

根据熵权法的计算过程，将苏州和成都两个地区，2012 年和 2015 年的调研数据依次带入改进后的 TOPSIS 模型，对不同区域农户参与农田保护补偿政策效应提升的障碍因素进行估算，得到区域异质类型农户样本的熵和熵权系数，如表 5 - 18 所示。

表 5 - 18　不同类型地区农户参与补偿政策障碍因素的熵权系数

项目		2012 年		2015 年		总体	
		熵	熵权系数	熵	熵权系数	熵	熵权系数
苏州地区	C_1	4.51	0.134	14.53	0.120	15.01	0.119
	C_2	4.31	0.126	14.69	0.121	15.20	0.121
	C_3	4.78	0.144	14.86	0.122	15.48	0.122
	C_4	3.52	0.096	14.80	0.122	15.28	0.121
	C_5	3.83	0.107	15.93	0.131	16.54	0.132
	C_6	3.69	0.102	15.85	0.131	16.40	0.131
	C_7	4.75	0.143	15.85	0.131	16.51	0.131
	C_8	4.85	0.147	14.68	0.121	15.39	0.122

（续）

项目		2012 年		2015 年		总体	
		熵	熵权系数	熵	熵权系数	熵	熵权系数
成都地区	C_1	10.42	0.122	6.71	0.113	15.14	0.119
	C_2	11.34	0.134	6.95	0.118	15.66	0.123
	C_3	10.62	0.125	7.67	0.132	16.18	0.128
	C_4	10.53	0.123	7.49	0.128	15.94	0.125
	C_5	10.43	0.122	7.12	0.120	15.51	0.123
	C_6	10.59	0.123	7.48	0.128	15.98	0.126
	C_7	10.51	0.123	7.60	0.130	16.02	0.126
	C_8	10.89	0.127	7.69	0.132	16.43	0.130

2. 区域异质农户参与政策效应提升的障碍因素贴近度

计算区域异质农户参与政策成效评价的熵权系数与正负理想解之后，利用贴近度指标来衡量在政策实施过程中，障碍因素指标偏离农户预期目标的程度，贴近度越接近 1，表明政策实施效果越好，偏离补偿政策预期目标差距越小，贴近度越接近 0，表明政策实施效果越差，补偿政策实施效应偏离农户预期目标的距离越大。分析区域异质农户参与政策障碍因素的贴近度（表 5 - 19）。在 2012 年，苏州地区补偿政策障碍因素的贴近度与成都地区补偿政策障碍因素的贴近度比较相近，到 2015 年，苏州地区障碍因素贴近度显著低于成都地区，从贴近度来看，成都地区补偿政策的实施效应与预期政策目标之间差距相对较小。

表 5 - 19　不同类型地区农户参与补偿政策障碍因素的贴近度

项目名称		苏州			成都		
		2012	2015	总体	2012	2015	总体
障碍因素	缺乏明确的补偿范围 C_1	0.535	0.626	0.631	0.613	0.772	0.695
	缺乏统一的补偿标准 C_2	0.591	0.620	0.625	0.512	0.763	0.696
	补偿类型限定不一致 C_3	0.495	0.521	0.527	0.559	0.719	0.644
	资金发放形式不明确 C_4	0.647	0.633	0.638	0.610	0.745	0.682
	补偿资金分配不合理 C_5	0.634	0.529	0.535	0.588	0.732	0.665
	补偿账务对外不公开 C_6	0.634	0.533	0.540	0.591	0.717	0.660
	补偿资金用途限制多 C_7	0.525	0.533	0.535	0.593	0.710	0.658
	政策实施缺乏监督管理 C_8	0.440	0.630	0.626	0.439	0.707	0.582

从苏州地区障碍因素的贴近度来看，政策实施过程中，除了资金发放形式、补偿资金分配、补偿账务公开3个指标，其他障碍因素在2015年的贴近度均高于2012年。从成都地区补偿政策障碍因素的贴近度来看，2015年补偿政策成效提升的障碍因素指标贴近度均显著高于2012年，这表明，成都地区补偿政策在不断改进，政策效果更接近预期的政策目标，补偿效果相对更显著。

3. 区域异质农户参与政策效应提升的障碍因素障碍度

依据农田保护经济补偿政策效应提升的障碍因素评价体系，对影响政策效应提升的障碍因素进行估计，分析限制农田保护经济补偿政策效应提升的主要因素，书中按照障碍因素指标的障碍度依次列出排名前5的障碍因子（表5-20）。

表5-20 不同类型地区农户参与补偿政策效应提升的障碍因素

项目	类别		指标1	指标2	指标3	指标4	指标5
苏州	2012	障碍因素	C_8	C_3	C_7	C_1	C_2
		障碍度	14.79	12.81	11.77	10.72	8.61
	2015	障碍因素	C_5	C_8	C_6	C_3	C_2
		障碍度	11.53	11.32	11.32	10.90	8.14
	总体	障碍因素	C_8	C_2	C_5	C_3	C_1
		障碍度	11.45	11.43	11.16	10.86	8.19
成都	2012	障碍因素	C_8	C_2	C_3	C_6	C_5
		障碍度	12.73	11.20	9.16	8.36	8.27
	2015	障碍因素	C_8	C_7	C_3	C_6	C_4
		障碍度	11.37	11.04	10.81	10.51	9.55
	总体	障碍因素	C_8	C_3	C_2	C_5	C_4
		障碍度	12.52	9.99	9.48	9.36	8.86
		障碍度	12.52	9.99	9.48	9.36	8.86

在2012年，苏州地区受访农户参与补偿政策效应提升的最主要障碍因素为：补偿政策缺乏监督管理与补偿标准的不统一，障碍度分别为11.45和11.43，从2012年和2015年的障碍因素指标来看，影响苏州地区农户参与补偿政策效应提升的障碍因素之间存在一定差异，2012年，苏州农户认为政策实施缺乏监督管理是限制补偿政策效应提升的最主要障碍因素，其次是补偿类型限定不一致，到2015年，最主要障碍因素变为补偿资金分配不合理，其次是政策实施缺乏监督管理。

成都地区受访农户参与补偿政策效应提升的主要障碍因素为：政策实施缺

乏监督管理，苏州地区和成都地区受访农户对政策实施这一障碍因素具有一致性。其次是补偿类型限定不一致，成都地区在 2012 年限定受访家庭必须满足户主或其他成员至少有一人购买养老保险，才可以领取农田保护补偿，到政策后期，获得农田保护补偿限定标准也发生了变化，限制条件放宽，这对部分农户的权益产生一定影响。2012 年，成都地区最主要障碍因素是政策实施缺乏监督管理与缺乏统一的补偿标准，障碍度为 12.73 和 11.20。到 2015 年，限制政策效应提升的最主要障碍因素变为政策实施缺乏监督管理和补偿资金用途限制多，障碍度分别为 11.37 和 11.04。

（四）结论与讨论

以苏州和成都典型创新实践区域为例，分析农户参与农田保护经济补偿政策效应提升的障碍因素，发现典型创新实践区域农户参与政策的障碍因素之间存在显著差异。其中，限制苏州地区政策成效提升的主要障碍因素有：政策实施缺乏监督管理、缺乏统一的补偿标准、补偿资金分配不合理、补偿类型限定不一致、缺乏明确的补偿范围；限制成都地区补偿政策实施效应提升的障碍因素有：政策实施缺乏监督管理、补偿类型限定不一致、缺乏统一的补偿标准、补偿资金分配不合理、资金发放形式不明确。综上所述，政策实施后期监管、补偿标准统一、补偿类型一致是显著影响政策效应提升的关键因素，未来农田保护经济补偿政策效应的改进应结合障碍因素的分析结果，有目标地规范和调整现有农田保护补偿政策。

四、本章小结

本章主要对试点地区农户参与农田保护补偿政策的区域异质效应进行比较，评价区域异质农户参与农田保护经济补偿政策的实施效应，分析影响农户参与补偿政策效应差异的主要因素，以及区域异质类型农户参与农田保护经济补偿政策效应的障碍因素。

本章第一节分析了区域异质类型农户参与农田保护经济补偿政策的初期成效，以苏州和成都地区 2012 年和 2015 年两期微观农户调研数据为例，采用倾向得分匹配模型，分析补偿政策对受益农户与非受益农户在家庭收入、家庭支出、劳动力供给以及补偿政策满意度方面的净影响及差异。结果表明：成都地区农田保护经济补偿政策能够显著提升受益农户的家庭收入和家庭支出，苏州地区政策的影响不显著。2012 年，成都地区农田保护经济补偿政策能够显著降低家庭成员从事非农就业的机会，苏州地区补偿政策影响同样不显著。此外，无论是 2012 年还是 2015 年，农田保护经济补偿政策能够激励苏州和成都地区的受益农户，提高家庭农业劳动力投入。但在激励农户农业种植积极性、稳定农业劳动力投入方面，随着时间的推移，补偿政策效果正在不断弱化。苏州和成都地区的受访农户中，受益农户补偿政策满意度均显著高于非受益农户。总而言之，受益农户在家庭收入、家庭支出、农业劳动力供给、补偿政策满意度等方面的政策效应均显著高于非受益农户。

本章第二节分析了农户参与农田保护经济补偿政策的影响因素，以苏州和成都地区的调研数据为例，利用多分类定序回归，从人力资本、物质资本、金融资本、社会资本、就业行为、家庭特征、经济水平等方面，对区域异质类型农户参与补偿政策的影响因素进行比较分析。研究表明：苏州地区影响农户参与补偿政策的关键因素有：是否享有农田保护补偿政策、受访农户的健康状况、教育程度、农户家庭耕地资源禀赋、家庭金融资产、是否是党员户、家庭成员外出从业时间、家庭人口抚养系数等。成都地区影响受访农户参与补偿政策的关键因素有：补偿政策执行年限、受访农户的教育程度、家庭农业经营资本、金融资产总额、家庭成员中是否有村干部、非农就业比例和家庭规模。

本章第三节分析了农户参与农田保护经济补偿政策效应提升的障碍因素，以苏州和成都典型创新实践区域为例，研究发现区域异质性导致农户参与政策障碍因素之间存在显著差异。其中，苏州地区政策实施成效提升的主要障碍因素为：政策实施缺乏监督管理、缺乏统一的补偿标准、补偿资金分配不合理、补偿类型限定不一致、缺乏明确的补偿范围；成都地区补偿政策实施效应提升的主要障碍因素为：政策实施缺乏监督管理、补偿类型限定不一致、缺乏统一的补偿标准、补偿资金分配不合理、资金发放形式不明确。总而言之，政策实施后期缺乏监管、补偿标准的不统一、补偿类型限定不一致是显著影响政策效应提升的障碍因素。

综上所述，以苏州和成都两个率先在全国探索实施农田保护经济补偿政策的创新实践区域为实证，在比较两个实践地区补偿模式及地区经济发展水平差异的基础上，分析苏州和成都两个地区农户参与农田保护经济补偿政策的实施效应、影响因素以及提升政策效应的障碍因素，在区域选择上具有典型性和代表性，能够促进创新实践区域农田保护补偿政策的调整和完善，加强总结提升经验做法为其他地区构建农田保护补偿机制、制定有效的补偿方案提供参考依据和实践经验。

第六章 耕地利用主导功能异质类型农户参与农田保护补偿政策效应评价

一、耕地功能异质类型农户参与农田保护补偿政策效应评价

耕地是人类生活的物质基础，为人类生活、居住、休闲和工作提供必要生存空间，还承担人类的日常所需，带动经济持续稳定发展。随着社会经济的不断繁荣，城市人口数量的激增，不可避免地对土地、水、空气、能源以及各类自然资源产生更大限度的需求，城市发展与用地扩张之间的矛盾将会不断加剧，未来社会将要面临的巨大问题是如何协调人地关系，保障社会经济与人类需求的可持续。我国正处在经济快速发展、城镇化与工业化高涨的新时期，新型工业化、城镇化的快速发展促使地区之间耕地利用格局也发生了显著转变，耕地在维护生态系统稳定、提供休闲娱乐等方面的作用也在日益凸显（李海燕 等，2016；龙花楼，2009）。因此，合理规划用地将是保障自然资源永久可持续的关键。当前学者认为，兼顾城市发展，同时考虑土地用途的自然极限，还能满足城市用地的无限制扩张，这从理论分析上是行不通的，因此政府部门不得不面对有效协调土地利用功能与高质量环境要求相互矛盾的政策难题，做到高效、集约利用土地，这才是未来耕地多功能利用与研究的重点。

（一）文献回顾

美国土地学家在 20 世纪 40 年代针对土地利用功能紊乱现状，对农地现状进行评述，指出人类本身并不能替代土地原有的生态系统服务功能。到 20 世纪 60—70 年代，东欧国家在景观生态学的研究中，开始将土地功能划分为生

产功能、生态功能、伦理功能和美学功能等类型。1992 年里约会议颁布的 21
世纪议程里正式提出耕地多功能概念。Constanza 等（1997）基于能值理论，
对地球上 16 个生态功能区内的 17 种生态系统服务价值进行系统评估。20 世
纪 90 年代末召开的农业例会上，世界经济合作与发展协会也对耕地多功能概
念和分类进行了系统界定与阐述，指出土地多功能是同一地块通过多功能持续
循环利用来满足人类对土地的无限需求。其中，用途多功能主要是在办公、居
住、休闲、商业、生产、生活等功能方面能融为一体。除了土地用途的多功
能，在时间与空间上耕地也具有多功能特性。其中，时间多功能特性是指公共
空间在不同时段所具有的不同功能；而空间多功能特征则是同一地块空间上不
同土地利用功能的叠加，土地用途在同一地块上的多次利用，不同土地功能之
间还能形成协同作用进而发挥优势。随后，De Groot 等（2002）建立了包含
生态价值、社会价值、文化价值、经济价值等概念在内的土地多功能框架，将
耕地功能详细划分为调节功能、栖息功能、生产功能和信息功能，这也是
2005 年千年生态系统评估框架的基础。千年生态系统评估框架将生态系统服
务分为支持、供给、调节和文化等 4 种服务，并与人类福祉相联系（Millenni-
um Ecosystem Assessment，2005）。董涛等（2010）对大都市郊区的农田生态
系统的主要功能类型进行了划分，农田生态系统除了具备基本的粮食生产功
能、经济收益功能、社会保障功能与稳定就业功能以外，还具有外延功能，如
针对空间环境上的污染防控、生态环境的调控布局等，生态功能中耕地的阻隔
功能尤为显著。姜广辉等（2011）依据耕地功能的层次性将耕地多功能划分为
基本功能和衍生功能，并将耕地多功能保护与社会经济发展过程中受益群体之
间的利益关系进行耦合，通过布局优化来提升土地价值，达到有效保护耕地多
功能的目的。荷兰佛理斯兰的土地利用规划成为土地多功能利用与政策目标相
一致的良好范本。当地政府首先通过增加土地租赁期限，来增强农户稳定感；
随后，鼓励农户适度增加有机耕作面积，提高经济效益，同时种植一些传统低
田作物来维持土地的生态功能，为游客提供休闲场所，也同样增加了野生动物
的栖息地，土地利用规划区域还新增加了车道，充分体现城郊农用地多功能利
用的特性（喻锋，2010）。荷兰的土地多功能案例[①]表明，发达国家发展现代化
的都市农业不仅为了食物的生产贡献功能，还兼具提供休闲场所、保护城市郊
区野生动物栖息地、提高农户收益等多种功能和用途（喻锋，2010）。

　　在已有文献基础之上，本书对耕地多功能进行了梳理和分类，结果如
图 6-1 所示，耕地除了具有生产粮食、提供木材等基本社会功能，还具有养

---

　　① 土地的多功能利用：欧洲都市农业加快发展的机遇 . http：//www. cnruaf. com. cn/qikan/four/
four6. doc. 2011。

· 101 ·

老保障功能、就业保障功能、国家安全保障功能、生计保障功能以及社会稳定
保障等外延功能（刘杨，2012；姜广辉 等，2010；Slee B，2007；杨雪，谈
明洪，2014a）。农地生态系统在调节气候、涵养水源、净化空气、改善水质、
防止水土流失以及维护生物多样性方面具有非常显著的作用（袁弘 等，
2007）。耕地生态系统所衍生的生态功能，是目前学者关注的重点。农地景观
功能是由农地生态功能演化而来，西方发达国家针对农地景观生态功能的关注
最多，注重都市郊区的农地景观生态系统为人类生活提供生态旅游、休闲娱乐
场所以及美学教育机会（Rizov，2005；袁弘 等，2007）。

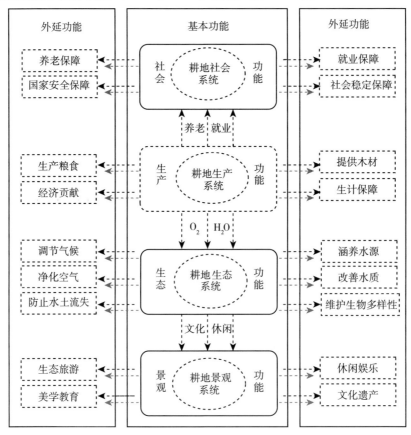

图 6-1 耕地多功能的演变及分类状况

综上所述，本书以苏州和成都典型创新实践地区为例，探讨耕地利用功能
异质类型农户在农田保护经济补偿政策上的效应差异。首先，采用基于熵权法
改进的 TOPSIS 模型对受访农户的耕地多功能进行测算，依据耕地功能指标的
强弱对农户主导类型进行划分，书中将农户分为经济功能主导型、生产功能主
导型、养老功能主导型与生态功能主导型 4 类；其次，结合受访农户对补偿政

策实施效应的认知结果，利用模糊评价模型，对 4 种耕地功能主导型农户参与补偿政策的效应进行定量分析；最后，对耕地功能异质类型农户参与补偿政策效应的差异进行比较。

（二）数据变量与研究方法

耕地利用具有多种功能，在不同地区之间，耕地功能的表现形式与利用强度之间也存在显著差异。特定区域某一种耕地功能发挥主导作用，其他功能起到辅助作用，进而体现不同区域之间的区位差异与发展特色，这对区域未来发展起到一定决定性作用（李海燕 等，2016）。耕地功能属性特征的评价要与区域发展方向相一致，苏州和成都两地区耕地功能异质性的评价，应侧重不同类型农户的发展需求，区分耕地利用功能属性特征差异，通过模型的建立和估算，从耕地的经济贡献、食品生产、养老保障、就业保障、生态保护等方面对典型创新实践地区的耕地功能进行再定位，分析不同耕地功能主导型农户参与农田保护经济补偿政策效应的差异。

1. 变量说明

（1）耕地多功能评价指标

耕地利用功能是耕地资源价值研究的基础，是土地功能和农业多功能研究的重要组成部分（李海燕 等，2016）。在耕地利用功能内涵分析与属性界定的基础之上，综合考虑典型创新实践地区耕地利用功能特征与调研数据可获性，建立耕地利用功能评价指标体系，如表 6-1 所示。

表 6-1　农户家庭耕地利用功能评价指标

功能	指标	指标含义	单位	方向
经济贡献功能	耕地产出水平	耕地实际产出水平	10^4 元/亩	＋
	农业收入占比	耕地收入/家庭经济收入	％	＋
	农业补贴占比	农业补贴/家庭农业收入	％	＋
粮食生产功能	粮食自给率	粮食消费量/粮食产量	％	＋
	粮食作物占比	粮食作物的播种面积/作物播种总面积	％	＋
	粮食供养人数	（粮食产量－口粮用量）/人均 420kg	人	＋
养老保障功能	亩均耕地务农人数	务农劳动人数/农作物播种面积	人/亩	＋
	务农劳动力比例	务农劳动力/总劳动力	％	＋
	老年务农劳动力	60 岁以上务农劳动力/务农劳动力	％	＋
生态保障功能	净化空气	非常显著＝5；非常不显著＝1	—	＋
	涵养水源	非常显著＝5；非常不显著＝1	—	＋
	保护土壤	非常显著＝5；非常不显著＝1	—	＋
	维护生物多样性	非常显著＝5；非常不显著＝1	—	＋

耕地利用功能的指标体系包含经济贡献功能、粮食生产功能、养老保障功能和生态保障功能 4 类（李海燕 等，2016）。其中，经济贡献功能是耕地经济产出能力的体现，主要从耕地的产出水平、农业收入占比、农业补贴占比 3 个方面进行衡量；粮食生产功能是耕地多功能中最原始的功能，主要从粮食自给率、供养城市人口等方面来考虑（李海燕 等，2016）；养老保障功能是耕地最基础的功能，对非农就业能力欠缺的农户来说，耕地养老保障功能是维持农户基本生活，保障家庭成员基本就业的最后一道生存屏障，包含亩均耕地务农人数、务农劳动力占家庭总劳动力的比例、家庭老年务农劳动力的比例等指标（李海燕 等，2016）；耕地生态保障功能是近年来逐渐被人们认识和接受的一种比较显著的耕地多功能属性，耕地是天然的屏障，具有净化空气、涵养水源、保护土壤、维护生物多样性等功能。

（2）农田保护经济补偿政策实施效果评价指标

政策制定者最关注补偿政策的实施效应，以便为补偿政策后期调整和改进提供政策建议。对于补偿政策实施效应的评估，本书主要从维护农田数量、保障农田质量、改善农田生态环境、参与政策积极性、补偿政策满意度等方面展开，变量为李克特 5 级量表形式（表 6-2）。其中，5 表示补偿政策效果非常显著，1 表示补偿政策效果非常不显著。

表 6-2　耕地功能异质类型农户参与政策效应评价的指标

变量类别	符号	赋值
维护农田数量		
维持农田面积不减少	x_1	非常显著—非常不显著＝5～1
保证农田用途不改变	x_2	非常显著～非常不显著＝5～1
保障农田质量		
保证农田质量不降低	x_3	非常显著～非常不显著＝5～1
保护农田的积极性	x_4	非常显著～非常不显著＝5～1
改善农田生态环境		
改善农田生态环境	x_5	非常显著～非常不显著＝5～1
减少农药化肥使用量	x_6	非常显著～非常不显著＝5～1
参与政策积极性		
提高农业种植积极性	x_7	非常显著～非常不显著＝5～1
增加农业劳动力投入	x_8	非常显著～非常不显著＝5～1
补偿政策满意度		
补偿政策标准满意度	x_9	非常显著～非常不显著＝5～1
补偿政策监管满意度	x_{10}	非常显著～非常不显著＝5～1

2. 研究方法

首先，采用基于熵权法改进的 TOPSIS 模型对苏州和成都地区受访农户的耕地功能指标进行估计，依据耕地功能的估算结果对受访农户类型进行划分；其次，结合受访农户对农田保护经济补偿政策实施效应的调研数据，利用模糊综合评价模型，对耕地功能异质类型农户的补偿政策效应进行评价；最后，对耕地功能异质类型农户参与补偿政策具体实施成效的差异进行比较。

（1）改进 TOPSIS 模型

依据耕地功能的异质性、评价指标的可获性与可操作性，建立耕地多功能评价指标体系，采用改进的 TOPSIS 模型对耕地功能进行分析（李海燕 等，2016）。具体顺序为，先构建包含 m 个指标，n 个评价对象的原始数据矩阵 X，通过熵权法计算指标权重，利用极值法对各项评价指标进行归一化处理。再结合标准化数据结果计算熵权，求得权重系数。将标准化数据结果与熵权法确定的指标权重进行组合，构成加权的规范化矩阵，求得规范化矩阵的正负理想解，计算异质类型农户耕地多功能评价指标向量到正负理想解的距离，结合贴近度模型确定异质类型农户耕地主导功能的强弱，依据农户类型差异与耕地功能指标强弱程度对农户进行分类，主要包括：经济功能主导型、生产功能主导型、养老功能主导型和生态功能主导型 4 类。

（2）模糊综合评价

模糊综合评价是针对社会科学中一些主观概念模糊难以具体量化的指标进行评价。最早是由 Zadeh 在 1965 年提出（Zadeh，1965），主要用于评价公共政策的公平性、贫困程度、政策效果、福利水平变化的测度（高进云 等，2007；刘艳，吴平，2012；陈建铃 等，2015）。

模糊函数设定。

将补偿政策效果表示为模糊集 X，补偿政策实施对农户生活各方面状况的影响设为模糊集 X 的子集 W，则第 n 个农户的政策效果的评价函数可表示为 $W^{(n)} = \{x, \mu_W(x)\}$，其中，$x \in X$，$\mu_W(x)$ 是 x 对 W 的隶属度，$\mu_W(x) \in [0,1]$，通常数值越大表明政策效果越显著（王伟，马超，2013；Cheli et al.，1995）。

隶属度函数设定。

运用模糊综合评价法对补偿政策实施过程中参与补偿政策农户的家庭生活状况进行评估，关键问题在于确定隶属度函数 $\mu(x_{ij})$。隶属度函数与指标类型和政策实施成效密切相关。常见指标变量有虚拟二分类变量、连续变量和虚拟定性变量（Cerioli，Lemmi，1990）3 种。

设 x_i 为初级指标所决定的参与补偿政策农户的第 i 个功能子集，农田保护经济补偿政策效果评价的初级指标为 x_{ij}，$x_{ij} = [x_{i1}, \cdots, x_{ij}]$，3 种变量的隶属度函数如式（6-1）～式（6-4）所示：

虚拟二分类变量的隶属度函数为：

$$\mu_W(x) = \begin{cases} 0, x_{ij} = 0 \\ 1, x_{ij} = 1 \end{cases} \quad (6-1)$$

式（6-1）中，如果农户参与农田保护经济补偿政策，则该项指标对应第 i 个功能子集的隶属度 $\mu_W(x) = 1$；反之，$\mu_W(x) = 0$。

连续变量的隶属度函数为：

$$\mu_W(x_{ij}) = \begin{cases} 0, 0 \leqslant x_{ij} \leqslant p \\ \dfrac{x_{ij} - p}{q - p}, p < x_{ij} < q \quad \text{其中,} p \text{、} q \text{为参数,且} q > p \\ 1, x_{ij} \geqslant q \end{cases}$$

$$(6-2)$$

式（6-2）中，指标 x_{ij} 与政策成效呈正相关，x_{ij} 的值越大则政策效果越好。q 为该指标 x_{ij} 的上限，如果 $x_{ij} \geqslant q$，则政策效果最好。p 为该指标 x_{ij} 的下限，如果 $x_{ij} \leqslant m$，则政策效果越差。隶属度函数 $\mu_W(x_{ij})$ 的值越大，则表明补偿政策的实施效果越好。

$$\mu_W(x_{ij}) = \begin{cases} 1, 0 \leqslant x_{ij} \leqslant p \\ \dfrac{q - x_{ij}}{q - p}, p < x_{ij} < q \\ 0, x_{ij} \geqslant q \end{cases} \quad (6-3)$$

式（6-3）结果与式（6-2）恰好相反，指标 x_{ij} 与政策成效呈负相关，当 x_{ij} 值越大时政策效果越不好，即隶属度函数 $\mu_W(x_{ij})$ 的值越小，对应补偿政策的实施效果越好。

虚拟定性变量的隶属度函数为：

$$\mu_W(x_{ij}) = \begin{cases} 0, 0 \leqslant x_{ij} \leqslant p \\ \dfrac{x_{ij} - p}{q - p}, p < x_{ij} < q, p \text{、} q \text{为} x_{ij} \text{的最小值和最大值} \\ 1, x_{ij} \geqslant q \end{cases}$$

$$(6-4)$$

虚拟定性变量是针对主观感知变量的评价。假设研究对象的主观评价有 m 种状态，式（6-4）所示，对 m 种状态进行赋值，即 $x_{ij} = \{x_{ij}^{(1)}, \cdots, x_{ij}^{(m)}\}$，很显然，赋值结果呈等距分布，数值越大，则农户对补偿政策实施效果的评价越好。

权重的计算。

计算初级指标隶属度后，需要将各初级指标的隶属度进行加总，求得一个综合评价值，输出综合评价结果时需要对权重进行计算，确定权重是模糊方法的一个重要步骤，通常各初级指标的权重是不一致的（李海燕 等，2016）。因此，权重的计算采用（Cheli et al.，1995）公式（6-5）：

$$\omega_{ij} = \ln\left[\frac{1}{\mu(x_{ij})}\right] \qquad (6-5)$$

式（6-5）中，$\mu(x_{ij}) = \frac{1}{n}\sum_{p=1}^{n}\mu(x_{ij})^{(p)}$ 表示第 n 个农户第 i 个功能中第 j 项指标的均值。计算实际权重的过程中，式（6-5）能够有效均衡隶属度较小的指标。通过初级指标隶属度与权重的计算结果，利用加总公式可以求得各功能子集的隶属度：

$$f(x_{ij}) = \sum_{j=1}^{k}\mu(x_{ij}) \times \omega_{ij} / \sum_{j=1}^{k}\omega_{ij} \qquad (6-6)$$

式（6-6）中，k 表示在第 i 个功能子集包括的第 k 个初级指标。

（三）耕地功能异质类型农户参与农田保护经济补偿政策效应评价

1. 农户家庭耕地利用主导功能类型划分

利用苏州与成都地区的实地调研数据，结合熵权改进的 TOPSIS 模型，对农户耕地功能指标进行估计，以耕地功能指标强弱作为农户主导类型划分的依据，将农户类型划分为经济功能主导型、生产功能主导型、养老功能主导型和生态功能主导型 4 类（李海燕 等，2016）。

从表6-3结果来看，2012年，苏州地区以生产功能为主导的农户比例最高，占样本总体的 47.93%，到 2015 年，以生态功能为主导的农户比例最高，比例达 65.71%，生态功能主导型农户比例的增加也表明苏州地区实施的农田生态补偿政策在维护和改善农田生态环境方面取得一定成效；2012 年，成都地区以经济功能为主导的农户比例最高，占样本总体的 30.04%，到 2015 年，成都地区以生产功能为主导的农户比例最高，为 36.16%，说明成都地区耕地保护基金政策的实施对于受访农户种粮积极性具有一定正向显著影响。综上所述，苏州地区补偿政策在维护和改善农田生态环境方面政策效果显著，成都地区补偿政策在提高农户种粮积极性方面效果显著，样本总体中生态功能主导型农户的比例最高，占到 39.71%。

表6-3　农户家庭耕地功能主导类型划分

地区	年份	经济功能主导型（Ⅰ型）	生产功能主导型（Ⅱ型）	养老功能主导型（Ⅲ型）	生态功能主导型（Ⅳ型）
苏州	2012 年	21 9.68%	104 47.93%	42 19.35%	50 23.04%

（续）

地区	年份	经济功能主导型（Ⅰ型）	生产功能主导型（Ⅱ型）	养老功能主导型（Ⅲ型）	生态功能主导型（Ⅳ型）
苏州	2015 年	15	22	83	230
		4.29%	6.29%	23.71%	65.71%
成都	2012 年	67	36	60	60
		30.04%	16.14%	26.91%	26.91%
	2015 年	19	115	84	100
		5.97%	36.16%	26.42%	31.45%
总体		122	277	269	440
		11.01%	25.00%	24.28%	39.71%

2. 耕地功能异质类型农户参与补偿政策的成效分析

根据耕地功能主导类型的划分结果，利用模糊综合评判模型，结合苏州和成都地区 2012 年与 2015 年的调研数据，对耕地功能异质类型农户参与农田保护经济政策的效应进行评价，模糊综合评判模型采用 MATLAB 软件 R2014b（版本）进行估计，运行结果如表 6-4 所示。

表 6-4　苏州地区耕地功能异质类型农户参与补偿政策成效评价的隶属度及权重（2012 年）

指标变量	隶属度				权重系数			
	Ⅰ型	Ⅱ型	Ⅲ型	Ⅳ型	Ⅰ型	Ⅱ型	Ⅲ型	Ⅳ型
维护农田数量								
x_1	0.71	0.63	0.61	0.73	0.34	0.46	0.49	0.32
x_2	0.61	0.64	0.48	0.39	0.50	0.45	0.74	0.95
保障农田质量								
x_3	0.57	0.57	0.54	0.53	0.56	0.56	0.62	0.64
x_4	0.63	0.63	0.52	0.54	0.46	0.46	0.66	0.62
改善生态环境								
x_5	0.62	0.55	0.57	0.52	0.48	0.60	0.57	0.65
x_6	0.50	0.64	0.56	0.42	0.69	0.45	0.59	0.87
参与政策积极性								
x_7	0.51	0.65	0.54	0.53	0.67	0.43	0.62	0.64
x_8	0.43	0.50	0.48	0.58	0.85	0.69	0.73	0.55

（续）

指标变量	隶属度				权重系数			
	Ⅰ型	Ⅱ型	Ⅲ型	Ⅳ型	Ⅰ型	Ⅱ型	Ⅲ型	Ⅳ型
补偿政策满意度								
x_9	0.46	0.53	0.54	0.51	0.77	0.64	0.61	0.68
x_{10}	0.60	0.54	0.47	0.54	0.52	0.63	0.76	0.63

2012 年，苏州地区耕地功能主导型农户对补偿政策效应的评价结果如表 6-4所示，从农田保护经济补偿政策效应评价指标的隶属度来看，经济功能主导型农户认为补偿政策在维护农田数量方面效果最显著，其次是保障农田质量与改善农田生态环境，补偿政策在调动农户参与政策积极性方面评价效果最差；生产功能主导型农户同样认为补偿政策在保护农田数量方面效果最显著，其次是保障农田质量与改善农田生态环境，而补偿政策在农户满意度方面政策效果最差；养老保障功能主导型农户认为补偿政策在改善农田生态环境方面政策效果最好，在调动农户参与补偿政策积极性方面效果最差；生态保障功能主导型农户则认为补偿政策在维护农田数量方面政策效果最显著，而在改善农田生态环境方面政策效果最差。总体来说，经济功能主导型、生产功能主导型与生态功能主导型农户对补偿政策能够保护农田数量方面评价最高且结果一致，养老功能主导型农户认为补偿政策在改善农田生态环境方面政策效果最好；经济功能主导型农户认为补偿政策在调动农户参与补偿政策积极性方面效果最差，养老功能主导型与生态功能主导型农户认为补偿政策在农户满意度方面评价效果最差，而生态功能主导型农户则认为补偿政策在改善农田生态环境方面政策效果最差。

2015 年，苏州地区耕地功能主导型农户对补偿政策效应的评价结果如表 6-5所示，从农田保护经济补偿政策效应评价指标的隶属度来看，经济功能主导型农户认为补偿政策在保障农田质量方面评价效果最好，在调动农户参与政策积极性方面效果最差；生产功能主导型农户认为补偿政策在保护农田数量和改善农田生态环境方面效果最好，而在保障农田质量和调动农户参与政策积极性方面效果最差；养老功能主导型与生态功能主导型农户均认为补偿政策在改善农田生态环境方面效果最显著，而在保护农田质量和调动农户参与政策积极性方面政策效果最差；整体来看，经济功能主导型农户认为补偿政策在保护农田数量、保障农田质量方面效果最好，其他类型农户认为补偿政策在改善农田生态环境方面的政策效果最显著。经济功能和生产功能主导型农户认为补偿政策在调动农户参与政策积极性方面的政策效果最差，而养老功能和生态功能主导型农户则认为补偿政策在保证农田质量方面政策效果最差。

表 6 - 5　苏州地区耕地功能异质类型农户参与补偿政策成效评价的隶属度及权重（2015 年）

指标变量	隶属度				权重系数			
	Ⅰ型	Ⅱ型	Ⅲ型	Ⅳ型	Ⅰ型	Ⅱ型	Ⅲ型	Ⅳ型
维护农田数量								
x_1	0.52	0.52	0.35	0.35	0.65	0.65	1.05	1.06
x_2	0.52	0.52	0.54	0.41	0.66	0.66	0.63	0.90
保障农田质量								
x_3	0.50	0.51	0.32	0.44	0.70	0.67	1.14	0.81
x_4	0.59	0.22	0.20	0.07	0.52	1.52	1.62	2.73
改善生态环境								
x_5	0.43	0.58	0.43	0.37	0.84	0.54	0.84	0.99
x_6	0.55	0.54	0.65	0.49	0.59	0.62	0.43	0.72
参与政策积极性								
x_7	0.35	0.31	0.38	0.22	1.04	1.17	0.96	1.51
x_8	0.42	0.44	0.48	0.35	0.86	0.82	0.73	1.06
补偿政策满意度								
x_9	0.44	0.42	0.4	0.33	0.83	0.88	0.91	1.10
x_{10}	0.38	0.35	0.38	0.3	0.96	1.07	0.98	1.20

　　2012 年，成都地区耕地功能主导型农户对补偿政策效应的评价结果如表6-6所示，从农田保护经济补偿政策效应评价指标的隶属度来看：经济功能主导型农户认为补偿政策在维护农田数量上政策效果最好，其次是调动农户参与政策积极性，补偿政策在农户满意度方面评价效果最差；生产功能主导型农户认为补偿政策在调动农户参与政策积极性方面效果最显著，在保障农田质量方面政策效果最差；养老功能主导型农户认为补偿政策在维护农田数量和保障农田质量方面政策效果最显著，在补偿政策满意度方面政策效果最不显著；生态功能主导型农户认为补偿政策在改善农田生态环境方面效果最显著，在提高农户参与政策积极性方面最不显著；整体而言，经济功能、养老功能和生态功能主导型农户均对补偿政策满意度的评价度较低，需要补偿政策在后续调整中予以改进和完善。

表 6 - 6　成都地区耕地功能异质类型农户参与补偿政策成效评价的隶属度及权重（2012 年）

指标变量	隶属度				权重系数			
	Ⅰ型	Ⅱ型	Ⅲ型	Ⅳ型	Ⅰ型	Ⅱ型	Ⅲ型	Ⅳ型
维护农田数量								
x_1	0.65	0.49	0.56	0.57	0.44	0.71	0.59	0.57
x_2	0.65	0.67	0.65	0.46	0.44	0.4	0.44	0.77
保障农田质量								
x_3	0.58	0.59	0.59	0.54	0.55	0.52	0.53	0.62
x_4	0.31	0.44	0.64	0.39	1.16	0.83	0.44	0.95
改善生态环境								
x_5	0.53	0.46	0.52	0.54	0.64	0.77	0.66	0.61
x_6	0.52	0.67	0.58	0.65	0.66	0.40	0.54	0.43
参与政策积极性								
x_7	0.66	0.59	0.54	0.50	0.42	0.52	0.61	0.69
x_8	0.44	0.6	0.36	0.36	0.81	0.51	1.03	1.03
补偿政策满意度								
x_9	0.41	0.53	0.35	0.30	0.89	0.64	1.04	1.20
x_{10}	0.44	0.57	0.44	0.41	0.81	0.57	0.83	0.89

2015 年，成都地区耕地功能主导型农户对农田保护经济政策成效评价结果如表 6 - 7 所示，从政策评价指标的隶属度来看，经济功能主导型农户对补偿政策在维护农田数量方面政策效果最显著，在保障农田质量和补偿政策农户满意度方面效果最差；生产功能与养老功能为主导的农户同样认为补偿政策在维护农田数量方面政策效果最显著，而在农户满意度方面政策效果最差；生态功能主导型农户认为补偿政策在改善农田生态环境方面效果最为显著，而在保障农田质量和补偿政策农户满意度方面政策效果最不显著。整体而言，经济功能、生产功能和养老功能为主导的农户对于补偿政策在维护农田数量上的效果评价度最高，即补偿政策在保证农田数量方面效果最显著，生态保障功能农户认为补偿政策在改善农田生态环境方面效果最显著，补偿政策取得一定成效，4 类功能主导型农户均对补偿政策满意度的评价最低，其中补偿政策缺乏后期监管是政策效果评价较差的主要原因。

表6-7 成都地区耕地功能异质类型农户参与补偿政策成效评价的隶属度及权重（2015年）

指标变量	隶属度				权重系数			
	Ⅰ型	Ⅱ型	Ⅲ型	Ⅳ型	Ⅰ型	Ⅱ型	Ⅲ型	Ⅳ型
维护农田数量								
x_1	0.53	0.62	0.60	0.53	0.64	0.49	0.51	0.64
x_2	0.53	0.69	0.58	0.54	0.64	0.37	0.54	0.62
保障农田质量								
x_3	0.51	0.52	0.66	0.45	0.68	0.65	0.42	0.79
x_4	0.24	0.59	0.41	0.39	1.44	0.53	0.89	0.94
改善生态环境								
x_5	0.32	0.46	0.43	0.54	1.15	0.78	0.84	0.63
x_6	0.47	0.79	0.68	0.80	0.75	0.23	0.38	0.23
参与政策积极性								
x_7	0.26	0.60	0.41	0.41	1.34	0.52	0.89	0.88
x_8	0.51	0.54	0.47	0.47	0.68	0.62	0.76	0.75
补偿政策满意度								
x_9	0.40	0.5	0.42	0.42	0.93	0.69	0.86	0.88
x_{10}	0.36	0.49	0.42	0.41	1.04	0.71	0.87	0.90

　　以样本总体为例，分析耕地功能异质类型农户参与农田保护经济补偿政策的隶属度与权重系数，结果如表6-8所示。从4类耕地功能异质类型农户对补偿政策成效评价的隶属度来看，经济功能主导型农户对补偿政策在提高农户农业种植积极性方面的政策评价效果最好，补偿政策在维持农田面积不减少、保证农田用途不转变等方面政策评价效果也比较显著，对补偿政策监管满意度方面评价最差；生产功能主导型农户对于补偿政策在维持农田面积不减少方面政策效果评价最好，在补偿政策监管满意度方面政策成效评价最差；养老功能主导型农户认为补偿政策在维持农田面积不减少、保证农田质量不降低方面政策评价效果最好，对于补偿政策监管满意度方面政策执行效果最差；生态功能主导型农户认为补偿政策在维持农田面积不减少方面政策评价效果最好，在补偿政策标准满意度方面政策效果评价最差。综上所述，经济功能主导型农户认为补偿政策在提高农户农业种植积极性方面效果显著，其他3种类型农户则统一认为补偿政策对于维持农田面积不减少方面政策效果最显著。生态功能主导型农户对补偿政策标准满意度方面政策成效评价最低，其他3类农户则均认为补偿政策在政策监管满意度方面政策效果最差。受访农户样本总体对于补偿政

策在维持农田面积不减少方面的政策评价效果最好，在补偿政策监管满意度与补偿政策标准满意度方面总体评价效果较差。

表 6-8　耕地功能异质类型农户参与补偿政策效应评价的隶属度及权重系数（样本总体）

指标变量	隶属度					权重系数				
	Ⅰ型	Ⅱ型	Ⅲ型	Ⅳ型	总体	Ⅰ型	Ⅱ型	Ⅲ型	Ⅳ型	总体
维护农田数量										
x_1	0.64	0.71	0.67	0.68	0.68	0.44	0.35	0.40	0.39	0.39
x_2	0.64	0.66	0.66	0.46	0.64	0.45	0.41	0.42	0.78	0.45
保障农田质量										
x_3	0.62	0.63	0.67	0.45	0.63	0.47	0.46	0.41	0.80	0.47
x_4	0.62	0.60	0.60	0.38	0.59	0.48	0.50	0.51	0.97	0.53
改善生态环境										
x_5	0.59	0.58	0.59	0.53	0.57	0.54	0.54	0.53	0.63	0.56
x_6	0.63	0.55	0.58	0.60	0.65	0.46	0.59	0.54	0.52	0.44
参与政策积极性										
x_7	0.65	0.65	0.52	0.58	0.63	0.43	0.44	0.66	0.54	0.47
x_8	0.43	0.50	0.45	0.43	0.46	0.85	0.70	0.80	0.84	0.79
补偿政策满意度										
x_9	0.43	0.47	0.42	0.38	0.43	0.85	0.76	0.87	0.96	0.85
x_{10}	0.42	0.46	0.41	0.40	0.43	0.86	0.78	0.87	0.92	0.85

　　耕地功能异质类型农户参与农田保护经济补偿政策效应评价结果如表6-9所示。苏州地区，政策实施期内，耕地功能异质类型农户对补偿政策实施成效的评价结果由高到低为：经济功能主导型（Ⅰ型）＞生产功能主导型（Ⅱ型）＞养老功能主导型（Ⅲ型）＞生态功能主导型（Ⅳ型），这表明，以经济功能和生产功能为主导的农户对补偿政策的评价度最高，对补偿政策相对更满意，政策实施效果更好；成都地区，政策实施初期，4类耕地功能主导型农户对于补偿政策效果评价结果由高到低依次为：生产功能主导型（Ⅱ型）＞经济功能主导型（Ⅰ型）＞生态功能主导型（Ⅳ型）＞养老功能主导型（Ⅲ型），也就是说，生产功能主导型农户的政策效果评价度最高，即补偿政策对该类农户的政策激励最突出，养老功能主导型农户补偿政策评价度最低，政策实施效果最差。到2015年政策实施中期，耕地功能主导型农户对政策效果的评价为：养老功能主导型（Ⅲ型）＞经济功能主导型（Ⅰ型）＞生态功能主导型（Ⅳ型）＞生产

功能主导型（Ⅱ型），即养老功能为主导的农户对政策效果的评价度最高，而生产功能为主导的农户政策效果评价度最低。

表 6 - 9　耕地功能异质类型农户参与农田保护经济补偿政策的效应评价结果（样本总体）

地区	年份	经济功能主导型 （Ⅰ型）	生产功能主导型 （Ⅱ型）	养老功能主导型 （Ⅲ型）	生态功能主导型 （Ⅳ型）
苏州	2012 年	0.543	0.525	0.456	0.376
	2015 年	0.578	0.506	0.403	0.283
成都	2012 年	0.482	0.491	0.378	0.479
	2015 年	0.542	0.442	0.552	0.463
总体		0.537	0.560	0.529	0.464

整体来看，样本总体中耕地功能异质类型农户对补偿政策成效的评价结果依次为：生产功能主导型（Ⅱ型）＞经济功能主导型（Ⅰ型）＞养老功能主导型（Ⅲ型）＞生态功能主导型（Ⅳ型），模糊指数分别为 0.560、0.537、0.529 和 0.464。由此来看，生态功能主导型农户的模糊指数最小，与前三类耕地利用功能农户对补偿政策评价结果之间差距最大，这表明生态功能主导型农户认为补偿政策实施成效相对最差。

（四）结论与讨论

首先，本书以苏州和成都典型创新实践地区受访农户为例，采用基于熵权法改进的 TOPSIS 模型，测算受访农户耕地功能差异，依据耕地功能指标的强弱程度将农户类型划分为经济功能、生产功能、养老功能和生态功能 4 类；其次，结合受访农户对农田保护经济补偿政策实施效应的认知结果，利用模糊综合评价模型，对 4 类耕地功能主导类型农户参与补偿政策的实施效应进行评价；最后，对耕地功能异质类型农户参与补偿政策的实施效应差异进行研究。

研究表明：耕地功能异质类型农户对补偿政策成效的评价结果依次为，生产功能主导型（Ⅱ型）＞经济功能主导型（Ⅰ型）＞养老功能主导型（Ⅲ型）＞生态功能主导型（Ⅳ型），模糊指数分别为 0.560、0.537、0.529 和 0.464，从模糊指数的大小来看，生产功能主导型、经济功能主导型和养老功能主导型农户对补偿政策实施效果评价相对较好，而生态功能主导型农户对补偿政策成效的评价最差。耕地功能异质类型农户对补偿政策成效的评价结果在不同区域、不同时点之间也存在显著差异。其中，苏州地区，政策实施期内，耕地功能异质类型农户对补偿政策实施成效的评价结果由高到低依次为：经济功能主导型（Ⅰ型）＞生产功能主导型（Ⅱ型）＞养老功能主导型（Ⅲ型）＞

生态功能主导型（Ⅳ型）。这表明，以经济功能与生产功能为主导的农户对补偿政策的评价度最高，对补偿政策相对更满意，政策实施效果更好；成都地区，政策实施初期，4 类耕地功能主导型农户对于补偿政策效果评价结果由高到低依次为：生产功能主导型（Ⅱ型）＞经济功能主导型（Ⅰ型）＞生态功能主导型（Ⅳ型）＞养老功能主导型（Ⅲ型），也就是说，生产功能主导型农户的政策效果评价度最高，即补偿政策对该类农户的政策激励最突出，养老功能主导型农户补偿政策评价度最低，政策实施效果最差。到 2015 年政策实施中期，耕地功能主导型农户对政策效果的评价为：养老功能主导型（Ⅲ型）＞经济功能主导型（Ⅰ型）＞生态功能主导型（Ⅳ型）＞生产功能主导型（Ⅱ型），即养老功能为主导的农户对政策效果的评价度最高，而生产功能为主导的农户政策效果评价度最低。

二、耕地功能异质类型农户参与农田保护补偿政策成效提升的障碍因素

（一）文献回顾

国民经济与社会发展第十二个五年规划[①]曾指出，深入落实主体功能区战略，引导各地区严格按照区域的主要功能定位来发展地方经济，合理优化国土空间开发格局，实现耕地多功能管理（李海燕 等，2016）。不同主体功能区之间耕地功能的表现形式与耕地功能指标强弱之间也存在显著差异。耕地功能指标的强弱将直接影响耕地利用的综合效益，影响农田保护经济补偿政策的顺利实施，为了进一步研究耕地功能异质对农户参与农田保护经济补偿政策效应的影响，有必要对耕地多功能与农田保护经济补偿政策效应提升的障碍因素及其相关文献进行梳理，耕地功能研究主要集中在耕地功能与社会发展的关系、耕地多功能对耕地保护、耕地功能演变的影响等方面。其中，施园园等（2015）从粮食生产、生态保障和社会稳定等土地多功能视角分析耕地多功能与社会经济指标之间的空间相关性，探讨耕地多功能的空间分布特征及差异，研究表明现有耕地多功能的发展模式正由高生产、中社会、低生态的正三角向低生产、中社会、高生态的倒三角形态转变。刘沛等（2012）分析城镇化发展对耕地功能演变的影响，研究发现，城乡收入差距扩大、农业占比下降、化肥、农药成本增加是导致耕地生产功能、生态功能和社会功能弱化的关键。杜继丰、袁中友（2015a，2015b）从耕地生产功能、生态功能和景观文化功能视角分析珠江

---

① 《国民经济和社会发展第十二个五年规划纲要》，2011. http：//www. gov. cn/2011lh/content _ 1825838 _ 3. htm。

三角洲地区耕地补偿分区与补偿资金分配方案的关系，保护耕地生产功能、优化生态用地格局。通过国内实地调研发现，目前影响农田保护经济补偿政策效率提升的主要障碍因素有：公众对生态环境保护的认知、补偿政策的预期、补偿政策账务公开程度、补偿资金的后期监管、补偿资金的使用要求和补偿资金分配等，障碍因素在不同层次限制了补偿政策的实施效率。Lynch 等（2001）从农场的最大保护规模、农地生产力的保护、脆弱型农场的保护、连片土地的保护等方面，对美国土地保护项目实施效率及限制因素进行比较。余亮亮（2015）对影响耕地保护政策成效提升的障碍因素进行分析，研究表明补偿政策的账务公开程度、政府部门对补偿资金的监管、补偿资金使用要求以及补偿资金分配等因素都将直接影响农户对农田保护经济补偿政策的满意度。生态资源分布状况、公众认知、环境保护积极性和政策导向等方面也是显著影响生态补偿政策实施成效的重要因素（刘春腊，刘卫东，2014）。

现有研究侧重耕地多功能与社会经济、城镇化发展之间的联系，耕地多功能对耕地利用的影响，农业环境保护补偿政策的影响因素分析则围绕补偿政策参与率、补偿政策预期、补偿政策后期监督管理、补偿资金有效性等方面展开，但较少从耕地功能异质性角度分析农户参与补偿政策的障碍因素，而耕地多功能的演化，造成耕地在生产、生态、社会、经济等多种功能上的差异，进而影响农户参与政策的实施效率。因此，本书从补偿类型、补偿标准、补偿资金分配、补偿账务公开程度、政策后期监管等方面入手，以苏州和成都地区实地调研数据为实例，运用基于熵权的 TOPSIS 模型及障碍度模型，分析影响农户参与农田保护经济补偿政策成效的障碍因素，并为农田保护经济补偿政策的调整和完善提供参考依据。

（二）数据变量与研究方法

1. 变量说明

补偿政策效应评价指标如表 6-10 所示，补偿类型、资金发放形式、补偿资金分配以及补偿资金使用要求的表述详见第五章第三节中的注释。障碍因素采用李克特 5 级量表形式进行表述，指标变量用 $C_1 \sim C_8$ 表示。

表6-10　耕地功能异质类型农户参与补偿政策效应提升的障碍因素定义及说明

障碍因素	符号	变量定义	取值
缺乏明确的补偿范围	C_1	非常显著~非常不显著	5~1
缺乏统一的补偿标准	C_2	非常显著~非常不显著	5~1
补偿类型限定不一致	C_3	非常显著~非常不显著	5~1

（续）

障碍因素	符号	变量定义	取值
资金发放形式不明确	C_4	非常显著～非常不显著	5～1
补偿资金分配不合理	C_5	非常显著～非常不显著	5～1
补偿账务对外不公开	C_6	非常显著～非常不显著	5～1
补偿资金用途限制多	C_7	非常显著～非常不显著	5～1
政策实施缺乏监督管理	C_8	非常显著～非常不显著	5～1

2. 研究方法

本书从社会、经济、生态、景观等方面对耕地功能进行综合评价，依据耕地功能指标的强弱程度将农户分为经济功能、生产功能、养老功能和生态功能4种类型，依据异质类型农户的划分结果，结合障碍度模型对耕地功能异质农户参与农田保护经济补偿政策效应提升的障碍因素进行分析。

1. 基于熵权的 TOPSIS 模型

熵权改进的 TOPSIS 模型依据接近理想解的方式对多目标进行优化与决策，适用于多指标、多变量的评价，并且熵权法改进后的 TOPSIS 模型对调研样本分布无特殊限制，符合调研数据样本分布不一致等实际状况。熵权改进的 TOPSIS 模型介绍详见第五章第三节，包括以下 6 个计算步骤。

Step1：利用耕地功能指标强弱度，对农户类型进行划分，并构建样本数据特征矩阵；

Step2：利用极值法对特征矩阵进行归一化处理，结合熵权法计算指标权重；

Step3：计算耕地功能异质类型农户障碍因素的熵值、差异性系数、权重系数，利用数据矩阵标准化结果与指标权重构建规范化矩阵；

Step4：确定障碍因素规范化矩阵中评价指标的正负理想解；

Step5：计算限制耕地功能异质类型农户参与补偿政策效应提升的障碍因素指标到正负理想解的距离；

Step6：计算评价对象与最优目标之间的贴近度，评价耕地功能异质类型农户参与补偿政策效果的优劣程度。

2. 障碍度模型

对限制耕地功能异质类型农户参与农田保护经济补偿政策效应提升的障碍因素进行诊断，分析影响政策效果的主要障碍因子，为完善补偿政策提供参考依据。障碍度模型包含因子贡献度、指标偏离度与障碍度 3 个指标。

$$y_{ij} = I_{ij}w_j \bigg/ \sum_{j=1}^{n} I_{ij}w_j, Y_{ij} = \sum y_{ij} \qquad (6-7)$$

式（6-7）中，$I_{ij}=1-r_{ij}$，r_{ij} 为单项指标的标准化值，由极值标准化法求得。

（三）耕地功能异质类型农户参与农田保护补偿政策成效提升的障碍因素

1. 耕地功能异质类型农户障碍因素的熵权系数

以熵权改进的 TOPSIS 模型为基础，建立样本特征矩阵，构造加权的规范化矩阵，极差法消除量纲后，再进行归一化处理，最后计算规范化矩阵的熵权系数，并将苏州和成都地区两期的实地调研数据带入改进的熵权模型中，依据表6-9中耕地功能类型的划分结果，求出影响耕地功能异质类型农户参与政策障碍因素的熵值和熵权系数，结果如表6-11所示。

表6-11　耕地功能异质类型农户参与补偿政策障碍因素的熵权系数

项目名称		经济功能		生产功能		养老功能		生态功能		样本总体	
		熵	熵权系数	熵	熵权系数	熵	熵权系数	熵	熵权系数	熵	熵权系数
2012年	C_1	0.78	0.086	2.22	0.127	1.09	0.093	1.47	0.186	13.31	0.126
	C_2	1.13	0.111	2.19	0.124	0.84	0.161	1.01	0.004	13.49	0.128
	C_3	1.14	0.086	2.53	0.160	1.13	0.131	0.51	0.193	13.70	0.130
	C_4	0.66	0.174	2.16	0.121	0.84	0.161	1.18	0.069	12.66	0.119
	C_5	1.15	0.144	2.08	0.113	0.98	0.024	1.11	0.044	12.80	0.121
	C_6	0.71	0.156	2.16	0.121	0.98	0.024	1.28	0.111	12.84	0.121
	C_7	1.07	0.159	2.04	0.108	1.32	0.314	1.52	0.205	13.57	0.129
	C_8	0.96	0.086	2.74	0.127	0.42	0.093	0.90	0.186	14.01	0.126
2015年	C_1	5.45	0.122	4.29	0.118	4.39	0.111	5.00	0.118	19.06	0.122
	C_2	5.47	0.122	4.33	0.119	4.51	0.115	5.08	0.121	19.42	0.123
	C_3	5.57	0.126	4.48	0.124	4.70	0.121	4.92	0.116	20.12	0.128
	C_4	5.65	0.127	4.64	0.130	5.12	0.134	5.18	0.123	19.99	0.127
	C_5	5.65	0.127	4.58	0.128	5.23	0.138	5.62	0.137	19.78	0.125
	C_6	5.65	0.127	4.67	0.130	5.14	0.136	5.52	0.134	19.97	0.127
	C_7	5.65	0.127	4.73	0.133	5.08	0.133	5.52	0.134	20.07	0.128
	C_8	5.59	0.122	4.21	0.118	5.06	0.111	5.54	0.118	20.06	0.122

2. 耕地功能异质类型农户参与政策效应提升的障碍因素贴近度

从耕地功能异质类型视角分析农户参与补偿政策效应的障碍因素，求出熵权系数之后，计算不同耕地功能指标变量到正负理想解的距离与障碍因素的贴近度，利用贴近度来衡量政策指标偏离政策预期目标的幅度，贴近度越贴近1，则补偿政策实施效应越好，贴近度越接近 0，则补偿政策实施效应越差。从表 6－12 可知，2012 年障碍因素的贴近度小于 2015 年，2012 年补偿政策的实施效应偏离政策预期目标的幅度较大，到 2015 年，补偿政策的实施效应与政策预期效果之间差距较少。总体来说，补偿政策实施过程中，政策效果在不断改善。

表 6－12　耕地功能异质类型农户参与补偿政策障碍因素的贴近度

年份	障碍因素		经济功能	生产功能	养老功能	生态功能	总体
2012 年	缺乏明确的补偿范围	C_1	0.443	0.433	0.437	0.487	0.592
	缺乏统一的补偿标准	C_2	0.591	0.574	0.444	0.349	0.611
	补偿类型限定不一致	C_3	0.491	0.542	0.521	0.646	0.543
	资金发放形式不明确	C_4	0.386	0.607	0.500	0.428	0.620
	补偿资金分配不合理	C_5	0.558	0.607	0.471	0.431	0.600
	补偿账务对外不公开	C_6	0.398	0.606	0.471	0.374	0.602
	补偿资金用途限制多	C_7	0.545	0.436	0.522	0.500	0.576
	政策实施缺乏监督管理	C_8	0.443	0.433	0.437	0.487	0.439
2015 年	缺乏明确的补偿范围	C_1	0.540	0.535	0.633	0.491	0.687
	缺乏统一的补偿标准	C_2	0.538	0.529	0.526	0.590	0.680
	补偿类型限定不一致	C_3	0.538	0.539	0.530	0.478	0.666
	资金发放形式不明确	C_4	0.541	0.546	0.549	0.601	0.682
	补偿资金分配不合理	C_5	0.540	0.539	0.539	0.497	0.677
	补偿账务对外不公开	C_6	0.540	0.553	0.546	0.497	0.673
	补偿资金用途限制多	C_7	0.541	0.550	0.549	0.497	0.670
	政策实施缺乏监督管理	C_8	0.540	0.535	0.633	0.491	0.665

　　从单一障碍因素指标来看，2012 年，经济功能主导型农户认为补偿政策成效提升的最主要障碍因素是缺乏统一的补偿标准，生产功能主导型农户认为最主要的障碍因素是资金发放形式不明确、补偿资金分配不合理，养老功能主导型农户认为限制政策效应提升的主要障碍因素是补偿资金用途限制多，生态功能主导型农户认为最主要的障碍因素是补偿类型限定不一致。到 2015 年，经济功能主导型农户认为主要障碍因素是资金发放形式不明确、补偿资金用途限制多，生产功能主导型农户认为主要障碍因素是补偿账务对外不公开，养老功能主导型农户认为限制政策效应提升的主要障碍因素是政策实施缺乏监督管

理和缺乏明确的补偿范围，生态功能主导型农户认为最主要的障碍因素是资金发放形式不明确。不同政策时期，耕地功能异质类型农户参与补偿政策的障碍因素之间也存在显著差异。

3. 耕地功能异质类型农户参与政策效应提升的障碍因素分析

从经济功能、生产功能、养老功能和生态功能4个方面对耕地功能异质农户参与农田保护经济补偿政策效应提升的障碍因素进行分析，障碍因素的估计值如表6-13所示。

表6-13　耕地功能异质类型农户参与补偿政策效应提升的障碍因素

项目	类别	指标1	指标2	指标3	指标4	指标5
2012年	经济功能 障碍因素	C_8	C_4	C_5	C_6	C_7
	障碍度	14.61	13.13	12.96	11.94	9.71
	生产功能 障碍因素	C_8	C_1	C_3	C_7	C_2
	障碍度	15.76	12.60	12.08	10.73	8.42
	养老功能 障碍因素	C_2	C_8	C_4	C_7	C_3
	障碍度	20.69	17.93	17.73	16.63	15.30
	生态功能 障碍因素	C_4	C_7	C_3	C_1	C_6
	障碍度	19.16	17.27	15.23	14.30	14.19
	总体 障碍因素	C_8	C_3	C_7	C_1	C_2
	障碍度	13.52	10.23	9.27	8.64	8.34
2015年	经济功能 障碍因素	C_8	C_4	C_7	C_6	C_5
	障碍度	10.08	10.07	10.07	10.07	10.07
	生产功能 障碍因素	C_7	C_5	C_4	C_6	C_3
	障碍度	10.49	10.37	10.35	10.22	10.06
	养老功能 障碍因素	C_5	C_6	C_4	C_8	C_7
	障碍度	11.03	10.62	10.46	10.41	10.36
	生态功能 障碍因素	C_5	C_8	C_6	C_7	C_3
	障碍度	11.05	10.93	10.80	10.80	9.81
	总体 障碍因素	C_8	C_3	C_7	C_6	C_5
	障碍度	10.39	10.37	10.24	10.08	9.84

2012年，耕地功能异质类型农户参与农田保护补偿政策成效提升的障碍因素之间具有显著差异。其中，影响经济功能主导型农户参与补偿政策效应提升的最主要障碍因素是政策实施缺乏监管，其次是补偿资金发放形式不明确；生产功能主导型农户参与政策效应提升的主要障碍因素也是政策实施缺乏监督

管理，其次是缺乏明确的补偿范围；养老功能主导型农户认为限制补偿政策效应提升的主要障碍因素是补偿标准不统一，其次是政策实施缺乏监管；生态功能主导型农户认为影响补偿政策提升的主要障碍因素是补偿资金发放形式不明确，其次是补偿资金用途限制多。总而言之，补偿政策实施缺乏监督管理是政策初期影响农户参与补偿政策效应提升的最主要障碍因素。

2015 年，影响经济功能主导型农户参与补偿政策效应提升的主要障碍因素是政策实施缺乏监督管理，其次是资金发放形式不明确；影响生产功能主导型农户参与政策的主要障碍因素是补偿资金用途限制多，其次是补偿资金分配不合理；养老功能主导型农户则认为补偿标准不统一、资金分配不合理、补偿账务对外不公开是影响补偿政策效应提升的最主要障碍因素；生态功能主导型农户认为补偿资金分配不合理是主要障碍因素。综上可知，影响农田保护经济补偿政策实施效应提升的障碍因素，显著程度依次为：政策实施缺乏监督管理＞补偿资金分配不合理＞资金发放形式不明确＞补偿资金用途限制多＞补偿类型限定不一致。

（四）结论与讨论

本书以苏州和成都两地区 2012 年和 2015 年两期农户微观调研数据为例，依据耕地功能指标强弱将农户划分为经济功能主导型、生产功能主导型、养老功能主导型和生态功能主导型 4 类。从数据结果来看，耕地功能异质类型农户参与补偿政策效应提升的主要障碍因素依次为：政策实施缺乏监督管理＞资金分配不合理＞资金发放形式不明确＞补偿资金用途限制多＞补偿类型限定不一致。政策实施过程中，经济功能主导型农户和生产功能主导型农户参与政策效应提升的最主要障碍因素是政策实施缺乏监督管理。2012 年，养老功能主导型农户参与政策效应提升的最主要障碍因素是补偿政策缺乏统一的补偿标准，生态功能主导型农户的主要障碍因素是资金发放形式不明确，到 2015 年，影响养老功能主导型农户与生态功能主导型农户参与政策效应提升的最主要障碍因素是补偿资金分配不合理。

三、本章小结

本章主要以苏州和成都典型创新实践地区内两期微观农户调研数据为例，探讨耕地功能异质类型农户参与农田保护经济补偿政策效应的差异。从耕地功能异质类型农户参与农田保护经济补偿政策的效应估算、耕地功能异质类型农户参与农田保护经济补偿政策效应提升的障碍因素分析两个方面展开。因 2012 年苏州和成都地区调研数据样本限制，书中暂不考虑经济因素、制度因素对耕地功能异质类型农户参与农田保护经济补偿政策的影响。

本章第一节主要估算耕地功能异质类型农户参与农田保护经济补偿政策的实施效应及差异。研究表明：调研样本总体中，生产功能主导型农户对补偿政策成效评价最高，其次是经济功能主导型农户，而养老功能主导型农户与生态功能型农户则认为农田保护经济补偿政策实施成效较差。耕地功能异质农户对补偿政策成效的评价结果在不同区域与不同时点之间也存在显著差异。其中，苏州地区，政策实施期内，经济功能主导型农户对补偿政策成效评价始终最高，其次是生态功能主导型，而养老功能主导型与生态功能主导型农户对补偿政策成效的评价则相对较低。成都地区，政策实施初期，生产功能主导型农户对补偿政策成效的评价度最高，其次是经济功能主导型农户与生态功能主导型农户，而养老功能主导型农户对补偿政策成效评价最低。到政策中期，补偿政策成效评价最高的农户类型是养老功能主导型，而生产功能主导型农户对补偿政策效果评价最差。

本章第二节以 2012 年和 2015 年两期微观农户调研数据为实例，主要选取 8 个指标来评价耕地功能异质类型农户参与补偿政策效应提升的障碍因素。从数据结果来看，限制耕地功能异质类型农户补偿政策效应提升的障碍因素分别为：政策实施缺乏监督管理、资金分配不合理、资金发放形式不明确、资金用途限制多、补偿类型限定不一致。政策实施过程中，影响经济功能主导型农户与生产功能主导型农户参与补偿政策成效提升的最主要障碍因素是政策实施缺乏监督管理。政策实施期内，两次调研结果显示，影响养老功能主导型农户参与补偿政策效应提升的最主要障碍因素是补偿标准不统一和补偿资金分配不合理，而影响生态功能主导型农户参与政策成效提升的主要障碍因素则是资金发放形式不明确与资金分配不合理。

综上所述，在社会经济转型及城镇化快速发展过程中，耕地利用在农户家庭中承担的作用因家庭生计方式、地区经济发展状况差异已经发生了明显变化，农户对土地生存依赖度存在个体分化及地区差异，本书以苏州和成都两个率先在全国探索实施农田保护经济补偿政策的创新实践区域为实证，测度典型实践区域农户家庭耕地利用多功能的强弱度并据此划分农户类型，分析耕地功能异质类型农户参与农田保护补偿政策的效应差异及效率提升的障碍因素，为进一步提升补偿资金使用效率提供参考依据，具有一定创新性。

第七章　土地权能异质类型农户参与农田保护经济补偿政策效应评价

一、土地权能异质类型农户参与农田保护经济补偿政策效应评价

近年来，中央政府一直倡导深化土地制度改革，鼓励村集体进行土地流转。党的十八届三中全会①曾明确提出要在稳定土地承包关系长期稳定的同时，在占有、使用、收益、流转、抵押、担保等方面赋予农民更多的财产权益，允许以土地承包经营权入股的方式发展现代农业。鼓励以多种形式发展土地适度规模化经营。当前的农业补贴政策并没有有效地刺激农户提升土地流转意愿，农业补贴只会提高土地交易价格或租金（冯锋 等，2009；熊群芳，2009；杨国强，2014）。土地租赁价格的提高导致农业经营成本的上升，直接抑制了农户租赁土地的意愿，与此同时，土地出租方农业补贴的预期性上涨也降低了其愿意签订长期租赁合同的概率（冀县卿 等，2015；Roberts，Lubowski，2003；Lence，Mishra，2003；Kirwan，2009）。虽然农业补贴能够一定程度上提高农民收入，降低农村的收入不平等（冀县卿 等，2015；郑风田 等，2014），但现行农业补贴政策不足以改变生产要素之间的收入差距（冀县卿 等，2015；谭智心，周振，2014），对农业生产的推动和促进作用也较小（钟春平 等，2013；冀县卿 等，2015）。所以，农业补贴标准的高低是决定农户是否进行土地流转行为以及能够取得预期政策效果的关键（冀县卿 等，2015；刘守英，2014）。因此，补偿政策应该适当加大农业补贴资金投入力度、向农

---

① 中华人民共和国国务院，2013. http：//politics. people. com. cn/n/2013/1116/c1001 - 23560979. html.

地经营者发放更多的补贴资金，从而有效推进土地流转行为。

在当前土地流转政策背景下，更多农户尝试进行土地流转，这对农户生计方式也产生了深远影响，更多农户从农业经营活动中分离出来。如何通过农田保护经济补偿政策来激励农户农业生产积极性，提高农户家庭收入、消除贫困、缩小城乡收入差距，将成为当前农田保护经济补偿政策关注的热点。在农田保护经济补偿政策实施的这几年，补偿政策是否取得预期的政策成效，在改善农户家庭生活水平方面是否取得一定政策效果，土地承包权与经营权的分离是否会对不同类型农户参与补偿政策的效果产生差异化影响，补偿政策相对有效的农户类型有哪些，这些都是在土地流转政策背景下需要去不断关注和深入研究的问题，本书将以苏州和成都地区的实地调研数据为例对上述问题做出解答。

（一）典型创新实践区土地流转概况

1. 苏州地区土地流转概况

随着区域城镇化和农业现代化进程的不断加快，社会发展水平的不断攀升，农村劳动力开始大量外移，土地流转成为大势所趋。党的十七届三中全会①曾就农村土地经营权流转和农业发展适度规模经营提出具体指导意见，意见中指出，允许农户以转让、转包、出租、互换和股份合作等形式流转农民的土地经营权，发展适度规模经营。"十二五"规划期间，苏州市大力推进土地经营权流转，截止到 2011 年年底，全市累计流转土地面积 $12.02 \times 10^4 hm^2$，流转比例达 90% 以上。其中，90% 以上的土地流转至村集体，农业适度规模经营 $11.55 \times 10^4 hm^2$，在 2012 年年底，85% 以上的耕地实现适度规模经营。与此同时，苏州市现代农业产业体系也在蓬勃发展，先后建立了 88 个现代化农业产业园，累计试点面积 $3.30 \times 10^4 hm^2$，截止到 2010 年年末，苏州市主要粮食作物农业机械化率在 88% 以上，全市农民人均纯收入达到 14 460 元。苏州市在倡导土地经营权流转的同时，鼓励土地经营权向种植大户、专业合作社、农业企业和家庭农场转移，有利于提升农业生产效率（冀县卿 等，2015）。

2. 成都地区土地流转概况

成都市是国务院最早成立的全国范围内的综合配套改革试验区，成都市经济发展的核心就是：农民向城镇集中，土地向规模经营集中，大力推进土地经营权流转。"十二五"规划期间，成都市先后成立具有特色优势产业的规模化农业生产基地 230 家，累计流转土地 $2.05 \times 10^5 hm^2$，流转耕地 $1.57 \times 10^5 hm^2$，

---

① 《关于引导农村土地经营权有序流转发展农业适度规模经营的意见》，中华人民共和国国务院，2014。

全市农地土地流转比例为 22%。成都市在大力推进土地流转工作的同时，注重农业信息化水平的提升，重点扶持一批管理规范、机制完善的专业合作社，建立数字化农村经营权流转平台，健全土地经营权流转市场，在维持土地性质不变、保证土地用途不变、维护农民合法权益的前提下，持续加大政策扶持力度，增加农户的补贴和转移性收入，通过土地出租或者入股的方式使农户获得更多的财产性收益。同时引导有条件的农民进入城镇，鼓励农户以土地承包经营权入股的形式参与农业现代化的建设，发展土地股份合作，保障农户从现有土地流转模式中受益。

3. 典型创新实践区土地流转概况及差异

从调研地区土地流转情况来看，苏州地区土地经营权流转的农户比例高于成都地区，补偿政策实施期内，调研区域土地流转比例逐年上升；2012 年，苏州地区土地流转的受访农户占到样本总体的 75.58%，其中，转入土地的农户比例远远低于转出土地的农户比例，未流转农户比例为 24.42%；到 2015年，土地经营权流转比例进一步提高，其中，转出土地的农户比例占到样本总量的 95.71%，转入土地的农户比例略有降低，未流转农户比例显著减少，自耕农户更多地选择将承包地转出，选择从事非农生产；成都地区 2012 年未进行土地流转的农户比例是苏州地区未流转农户比例的 2.4 倍，占 60.54%。到2015 年，未流转农户的比例略有降低，超过一半以上的农户转出土地，整体而言，土地流转趋势随农田保护经济补偿政策的实施在不断攀升，土地流转已经成为当前农业生产经营的新趋势（表 7-1）。

表 7-1 苏州和成都土地流转比例及差异比较

地区	年份	转入		转出		未流转		样本总数
		样本数	比例（%）	样本数	比例（%）	样本数	比例（%）	
苏州	2012	10	4.61	154	70.97	53	24.42	217
	2015	4	1.14	335	95.71	11	3.14	350
成都	2012	14	6.28	74	33.18	135	60.54	223
	2015	9	2.83	161	50.63	148	46.54	318

土地经营权发生流转是否会影响土地承包方获得农田保护经济补贴，这是一个值得关注的问题。从表 7-2 来看，苏州地区受访农户家庭共有 942 块土地，转出土地 870 块，占到样本总量的 92.36%。转出地块中，农田保护经济补贴归土地承包方的比例占 56.48%，补贴归土地种植户的比例占 35.88%；而转入土地的补贴则全部归土地承包方；成都地区受访农户家庭中有 1 496 块土地，其中自耕地的农田保护经济补贴全部归土地承包方，转出地块的农田保

护补贴有 38.70% 归土地承包方，剩余 5.35% 归土地种植方，转入地块的农田补贴归土地承包方的比例占到样本总量的 1.67%，归土地种植方的补偿比例仅占 2.47%。总体而言，苏州地区土地流转地块比例显著高于成都地区。苏州地区，农田保护经济补偿主要归土地承包方，比例为 64.12%；转出户中，补偿归土地承包方的比例最高，为 56.48%，补贴归土地种植方的比例占 35.88%；成都地区补贴归土地承包方的比例最高，为 90.51%，其中，未流转的农户占 51.81%，转出户中，补偿归土地承包方的比例占 38.70%。

表 7-2　土地流转前后农田保护经济补贴分配情况

区域	项目	转入地		转出地		自耕地	
		地块	比例（%）	地块	比例（%）	地块	比例（%）
苏州	流转的地块数	45	4.77	870	92.36	27	2.87
	补贴归土地的登记承包方	45	4.78	532	56.48	10	1.06
	补贴归土地的实际种植方	0	0.00	338	35.88	17	1.81
成都	流转的地块数	62	4.14	659	44.05	775	51.81
	补贴归土地的登记承包方	25	1.67	579	38.70	593	39.64①
	补贴归土地的实际种植方	37	2.47	80	5.35	182	12.17

（二）土地流转状况的内在机理分析

随着农村劳动力的不断转移，农村外出务工比例的不断上升，留在农村种地的青壮年越来越少，农业劳动力老龄化现象也日益严峻，"未来谁来种地"已经成为制约我国农业现代化建设的一个重大问题，也是影响我国农业产业稳定的一个主要矛盾。从第二次农业人口普查结果来看，我国 50 岁以上的农业从业人数比第一次农业人口普查提高了 14.4%。我国农业劳动力老龄化速度加快，2015 年年底，我国 50 岁以上农业从业人口比例已经超过 50%，耕地后继无人现象越来越严重。农业从业人员老龄化速度的不断攀升，加快了农户进行土地流转的进程。与此同时，土地流转后适度规模经营的净收益也显著高于散户的农业净收益，也就是说土地稀缺给农业发展带来的制约可以通过技术进步予以消除，劳动力稀缺带来的限制也可以通过农业机械化水平的提升得到很好的解决（刘凤芹，2011）。另外，农田保护经济补偿政策同样会对农户的劳动力供给方面产生影响，如果农户在农业生产中劳动力和劳动时间的投入比例

---

　　① 自耕地的土地承包方与土地种植方是同一经营主体。

降低，那么自然而然会导致土地流转比例的上升。

1. 农业适度规模经营影响农户家庭的总收益

土地经营规模大小与单位面积的土地产出并不相关，所以土地经营规模并不影响农地的产出效率（林毅夫，2000；刘凤芹，2003）。如果考虑到劳动要素的精细程度，不难发现，单位面积上土地规模较小的劳动力投入要显著高于规模大的劳动力投入（黄季焜，马恒运，2000），因此，小规模农户的单产显著高于大规模农户，这也印证了为何劳动力富裕的国家农地小规模经营占据主导[①]。世界银行发现肯尼亚规模在 0.5hm² 以下农场单产是规模在 8hm² 以上农场的 19 倍，前者的劳动力投入量是后者的 30 倍（鲁莎莎，2011）。在印度，规模在 2hm² 以下的农场，每公顷土地的收入是规模在 10hm² 以上农场的 2 倍多，因而农户经营规模的增加不一定带来单位粮食产量的增加（刘艳，韩红，2008；万广华，程恩江，1996）。但适度规模经营却是显著影响农户家庭经济收益的关键，即农户家庭总收入与种植面积之间呈正相关。在中国农村，虽然化肥、农药、劳动力等农业生产资料已经完全市场化（刘凤芹，2006），但在完全竞争市场或是垄断竞争市场条件下，种粮大户在购买农业生产资料上仍具有价格优势，即政府还是会给种粮大户一定的价格优惠。所以，种粮大户与散户之间农地种植成本基本一致，单位产量的差别主要源于气候、土壤、种子、地租、机械投入等因素的影响。张忠根和黄祖辉认为"在市场交易过程中，无论是在农产品出售环节还是生产资料购买环节，通常从事小规模农业生产的农户承担的交易费用会更高"（张忠根，黄祖辉，1997）。由于政府给农业合作社和购买农业机械的农户大量的农机购置补贴，导致享有农机购置补贴的农业经营户其农业经营成本远低于没有享受农机购置补贴的农户。与此同时，土地性质、签约期限、市场化程度的差异，也会导致农业经营主体之间种植成本与地租的不同（刘凤芹，2006）。简而言之，扣除农机购置补贴、土地非市场化地租等因素的影响，虽然在单位收入和单位成本上土地规模经营并未表现出显著的差异，但在实际农业生产经营过程中，租赁农业机械的成本开支不可避免地导致种植大户比小农户在农业生产成本上更具有优势，所以以农业适度规模经营仍会显著影响种粮大户的家庭总收益。

2. 补偿政策促进农业劳动力向非农产业转移

农业生产要素主要包括：劳动力、资本（化肥、农药、机械收割）、土地、科技等。众所周知，资本要素供给弹性较小，而农业劳动力供给弹性较大，以供给弹性较大的劳动力作为主要生产要素，将农户总劳动时间分为农业劳动时间、非农业劳动时间和闲暇。实地调研发现，农户非农务工收入远高于务农收

---

① 刘守英. 中国农地权属与经营方式的变化（2010—2014 年），中国经济时报，2016 年 02 月 19 日。

入，当农业劳动力中有剩余劳动力存在，补偿政策会促使家庭劳动力在农业生产与非农业生产之间进行资源再分配，农户务农与外出打工之间收入差距这一推力因素与财政支农政策（农业补贴、农田保护补贴等）一起，成为影响农业劳动力向非农产业转移的关键（陆铭，2011）。Ranis 和 Fei（1961）曾指出，提高农业生产效率能够推动农业劳动力的转移，农机购置补贴作为农业补贴政策的一部分，有效提升了农业生产效率，减轻了农业劳动力强度，促进了农业生产要素替代，同时释放了更多农业劳动力，本质上讲，补贴政策加速了农村劳动力的转移（吕炜 等，2015）。Todaro（1969）认为农户对城乡差距的有效预期是导致农村劳动力外流的根本原因。此外，家庭劳动力人数、农业政策、土地制度等变量也是显著影响农村劳动力流出的主要因素（赵耀辉，1997；朱农，2004；刘传江，程建林，2008）。随着惠农政策与补贴的不断推进，农村劳动力不断向非农产业转移，随之而来，农业劳动力老龄化现象加剧、"未来谁来种地"成为制约我国农业产业健康发展的一个重大问题，此时中央政府推行土地流转和适度规模经营政策就成为我国农业现代化发展的必由之路，不仅有利于优化配置现有耕地资源，保证农产品正常供给，还可以促进农业技术的推广。

（三）数据变量及研究方法

1. 样本描述性统计

苏州和成都地区积极响应政策号召，加快土地流转工作的开展，鼓励土地适度规模经营。苏州地区土地经营权流转的农户比例占到样本总量的96.85%，成都地区流转农户的比例达53.45%，苏州地区流转比例整体高于成都地区。但从调研结果来看（表7-3），在土地租金、流转面积、流转合同、流转方式、流转期限、流转模式、流转对象等方面，苏州地区与成都地区之间仍存在显著差异。

表7-3　土地流转现状的描述性统计

变量	类型	苏州		成都	
		样本数	比例（%）	样本数	比例（%）
流转面积（亩）	≤1	30	8.85	19	11.18
	1~2	99	29.20	40	23.53
	2~3	102	30.09	45	26.47
	3~4	64	18.88	30	17.64
	>4	44	12.98	36	21.18

（续）

变量	类型	苏州		成都	
		样本数	比例（%）	样本数	比例（%）
土地租金（元/亩）	≤500	4	1.18	13	7.65
	500～1 000	183	53.98	54	31.76
	1 000～1 500	152	44.84	48	28.24
	1 500～2 000	—	—	47	27.65
	＞2 000	—	—	8	4.71
流转合同	口头协议	225	66.37	141	82.94
	书面协议	114	33.63	29	17.06
流转方式①	租赁	301	88.79	153	90.00
	转包	38	11.21	11	6.47
	入股	—	—	6	3.53
流转期限	≤5 年	270	79.65	17	10.00
	5～10 年	24	7.08	35	20.59
	10～15 年	22	6.49	48	28.24
	＞15 年	23	6.78	70	41.18
流转模式	镇政府统一流转	21	6.19	19	11.18
	村集体统一流转	318	93.81	75	44.12
	农业合作社	—	—	26	15.29
	双方协商	—	—	50	29.41
流转对象	村集体	34	10.03	23	13.53
	农业合作社	10	2.95	70	41.18
	本地村民	62	18.29	40	23.53
	外地农民	233	68.73	37	21.76
自愿流转	是	333	98.23	155	91.18
	否	6	1.77	15	8.82
合计		339	100.00	170	100.00

整体来看，土地流转面积在 2～3 亩的样本农户比较集中，苏州地区流转

---

① 租赁是将土地经营权租赁给本集体经济组织以外的人；转包是在农村集体经济组织内部土地经营权的租赁；入股是承包方之间将土地承包经营权作为股权，以土地经营权入股的形式成立专业股份合作社，并联合从事农业经营的一种行为方式。

面积更符合正态分布，成都地区流转面积在 4 亩以上的农户比例比苏州地区要高，占样本总量的 21.18%。成都地区土地流转租金整体低于苏州地区，苏州地区土地流转租金主要介于 0~1 500 元/亩之间，其中，租金为 500~1 000 元/亩的农户比例最多，成都地区土地流转租金介于 500~1 000 元之间的农户比例也最高，除了种植水稻、小麦等粮食作物，成都地区的种植大户还会种植药材、花卉、香莲等经济作物，所以流转租金在 2 000 元以上的情况也时有发生。

苏州地区，有 33.63% 的农户签订了书面土地流转协议，成都地区签署书面土地流转合同的比例较低，仅占 17.06%。调研发现，苏州地区常见的土地流转方式有租赁和转包 2 种，租赁方式占主导，比例为 88.79%，显著高于转包农户的比例；成都地区，流转方式有租赁、转包和入股 3 种，其中，租赁方式依旧是土地流转的最主要方式，占样本总体的 90%，租赁和入股的比例较低，仅占样本总量的 10%。

从农户土地流转期限来看，苏州地区土地流转期限在 5 年以下的农户比例最高，占总体的 79.65%；而成都地区受访农户则更倾向长期流转土地，土地流转期限在 15 年以上和介于 10~15 年之间的农户比例最高，分别占样本总量的 41.18% 和 28.24%。苏州地区流转模式单一，村集体统一组织流转的比例最多，超过流转比例的 90%。成都地区流转模式多样化，但村集体统一组织流转仍是最主要的流转方式，占 44.12%。苏州地区承包土地的主要对象是外地农民，以安徽、河南等地区的种粮大户居多，本地村民承包土地的比例仅占样本总体的 18.29%；成都地区农户更多以承包权作价入股的形式参与农业生产经营，参与土地股份农业合作社的农户占到样本的 41.18%。苏州地区有98.23% 的受访农户表示自愿参与土地流转，成都地区自愿参与流转的农户比例略低于苏州地区，为 91.18%。

2. 研究方法

双重差分模型（Difference in Difference，DID）是一种有效评估公共政策成效的常用方法（周晶 等，2015；东梅，王桂芬，2010；赵峦，孙文凯，2010；张兵 等，2008），也是目前经济学实证分析中应用比较广泛的计量识别策略[1]。在对农业政策效果进行评估时，简单分析政策实施前后指标变量的变动情况会使数据结果受到社会、经济等因素短期趋势变动的影响，产生遗漏变量或变量之间存在反向因果关系等内生性问题（张川川 等，2015；薛凤蕊 等，2011）。DID 模型可以将变量中未受到政策影响群体的前后变化作为趋势变动的估计，克服变量之间存在的内生性问题，并剔除这部分因波动产生的短期趋

---

① 更多 DID 应用文献的介绍见 Athey and Imbens（2006）。

势效应。因此，本书采用双重差分模型（DID）对土地权能异质类型农户参与农田保护经济补偿政策的实施效应进行估计。

依据农田保护经济补偿政策实施期限与补偿政策的农户受益情况，参照张川川等（2015）、薛凤蕊等（2011）的研究方法，将农户类型分为 4 类：

（A）补偿政策初期（2012 年），补偿政策的未受益农户（$T_i = 0$，$D_i = 0$）；

（B）补偿政策中期（2015 年），补偿政策的未受益农户（$T_i = 1$，$D_i = 0$）；

（C）补偿政策初期（2012 年），补偿政策的受益农户（$T_i = 0$，$D_i = 1$）；

（D）补偿政策中期（2015 年），补偿政策的受益农户（$T_i = 1$，$D_i = 1$）。

假设评价农田保护经济补偿政策效应的因变量为 Y，政策异质类型农户因变量 Y 的样本均值表述如下：

（A）：Y_{ini-i}^{C}；

（B）：$Y_{mid-i}^{C} = Y_{ini-i}^{C} + T$；

（C）：$Y_{ini-i}^{T} = Y_{ini-i}^{C} + B$。

假设（1）：政策中期受益农户与未受益农户的差异与政策初期受益农户与未受益农户的差异相等，且均为 B，即受益农户在政策中期的样本均值（D）可以表示为：

（D）：$Y_{mid-i}^{T} = Y_{mid-i}^{C} + B + D = Y_{ini-i}^{C} + T + B + D$

假设（2）：受益农户在政策中期与政策初期的差异与非受益农户在政策中期与政策初期的差异相等，且均为 T，则有：

（D'）：$Y_{mid-i}^{T} = Y_{ini-i}^{T} + T + D = Y_{ini-i}^{C} + T + B + D$

其中，T 是政策实施的影响（政策初期为 2012 年，政策中期为 2015 年），B 是补偿政策是否受益的影响，D 是处理效应，即农田保护经济补偿政策实施对不同受访农户所产生的政策影响，如图 7-1 所示。

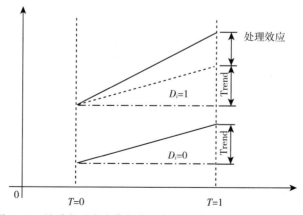

图 7-1 异质类型农户参与农田保护经济补偿政策的处理效应

假设（1）或假设（2）中任意一个成立，均可通过两次差分求得土地权能异质类型农户参与农田保护经济补偿政策的处理效应（treatment effect）：

$$(Y_{mid-i}^T - Y_{ini-i}^T) - (Y_{mid-i}^C - Y_{ini-i}^C) = (Y_{mid-i}^T - Y_{mid-i}^C) - (Y_{ini-i}^T - Y_{ini-i}^C) = D$$

$$(7-1)$$

式（7-1）计算结果即为双重差分的估计量，将双重差分的估计量带入方程，并同时加入其他控制变量：

$$Y_{ijk} = \alpha + \gamma D_{ij} \times T_i + X'_{ijk}\delta + A_k + C_j + \varepsilon_{ijk} \qquad (7-2)$$

公式（7-2）中，Y_{ijk} 是被解释变量的集合，i、j、k 分别表示第 j 个地区政策实施 k 期内第 i 个受访农户；T_i 表示政策实施期限，政策初期为 0，政策中期为 1；D_{ij} 为农户是否受益，补偿政策非受益农户为 0，受益农户为 1；A_k 为补偿政策实施期的处理效应，C_j 为受益农户的处理效应；交叉项 $D_{ij} \times T_i$ 的系数 γ 为双重差分估计量；X'_{ijk} 为一组控制变量，用于提高模型识别假定成立的概率。

实地调查发现，无论是政策初期，还是政策中期，受访农户并没有全部获得农田保护经济补偿。因此，双重差分模型的估计结果是针对政策目标人群总体的政策实施效应，而不仅仅是受益农户个体参与补偿政策的平均处理效应（ATE）。直观地讲，政策初期和政策中期所有受访个体都是政策关注的目标人群，由于各个地区在政策实施过程中存在多种偏差，因此，补偿政策影响为政策实施期与受益农户平均处理效应的乘积。

3. 变量说明

在样本描述性统计分析的基础之上，本节利用双重差分模型（DID）进一步分析土地权能异质类型农户在参与农田保护经济补偿政策效应方面是否存在显著差异。

(1) 因变量

收入选取农户的家庭总收入、家庭人均收入、工资性收入、经营性收入和转移性收入等 5 项指标，如表 7-4 所示，收入单位为千元。家庭总收入反映的是家庭整个生活水平的影响，而农户家庭人均收入则反映了农户家庭规模的影响，农户家庭规模与土地经营权之间是相互关联的，家庭规模直接影响农户家庭农田保护经济补贴金额。工资性收入、经营性收入和转移性收入是按照《中国统计年鉴》中对于收入的构成进行分类统计后计算出的结果。其中，工资性收入[①]主要是农户外出打工的工资收入与本地务工或雇工的收入之和；经营性收入[②]主要是农户从事农业生产经营与非农经营收入之

---

① 工资性收入：指农村住户成员受雇于单位或个人，依靠出卖劳动力来获取的收入。
② 经营性收入：指农村住户以家庭为生产经营单位进行生产筹划和管理而获得的收入。

和；转移性收入①则是指农户家庭所获得的政府补贴、农业补贴、农田保护补贴以及农村养老补贴等。由于转移性收入是非劳动收入，受政策波动的影响较大，通过对比不同收入指标所受政策影响的程度大小，可以从收入的构成角度直观了解补偿政策对土地权能异质类型农户的影响程度，在进行 DID回归时，所有收入指标均采用对数形式，对于取值为 0 的指标，定义其对数值也为 0。

表 7 - 4　变量设置及描述性统计

指标	变量名称	变量含义	均值	标准差
因变量	家庭总收入	家庭实际收入	69.25	110.78
	家庭人均收入	家庭人均收入	23.23	44.20
	工资性收入	外出打工与本地务工收入之和	39.88	80.83
	经营性收入	农业经营与非农经营收入之和	23.75	166.40
	转移性收入	非劳动补贴之和	7.57	14.50
	家庭总消费	实际消费支出	24.62	19.01
	家庭人均消费	人均消费支出	9.23	6.96
	农业从业人数	实际农业劳动力人数	1.53	1.32
	非农从业人数	实际非农劳动力人数	0.71	0.99
	补偿资金对生活的影响	非常显著～非常不显著＝5～1	3.10	1.37
	补偿政策的农户满意度	非常满意～非常不满意＝5～1	3.72	0.87
控制变量	教育	实际年限	6.54	3.69
	性别	男＝1；女＝0	0.84	0.60
	党员	党员＝1；非党员＝0	0.12	0.32
	村干部	村干部＝1；群众＝0	0.17	0.38
	兼业类型	兼业＝1；非兼业＝0	0.51	0.50

　　消费采用家庭总消费和家庭人均消费 2 个指标来衡量农村居民消费水平，补偿政策是否会对农户家庭的消费支出情况产生影响，具体影响程度如何，都将是本书关注的重点。样本回归时，消费支出变量同样采用对数形式，家庭支出基本单位为千元。

　　劳动供给选用家庭从事农业生产的劳动力人数与从事非农就业的劳动力人数来直观反映劳动力供给和转移情况，了解农田保护经济补偿政策对于农户家

---

　　①　转移性收入：指农村住户和住户成员无须付出任何对应物而获得的货物、服务、资金或资产所有权等的收入。

庭劳动力供给的影响。

主观福利变量主要选用补偿对农户家庭生活的影响程度和农户对补偿政策的满意度指标来表征农户家庭主观福利状况。补偿政策对农户家庭生活的影响程度采用李克特5级量表形式，其中5~1分别表示"非常显著、显著、一般、不显著、非常不显著"。此外，农户对补偿政策的满意度也由5~1来表示，其中5代表非常满意，1代表非常不满意。

（2）控制变量

控制变量尽可能遵循外生性原则，主要选择教育、性别、是否是党员、是否担任村干部和农户兼业类型5个指标。

（3）差分变量

差分变量选用是否获得农田保护经济补偿（未受益农户＝0，受益农户＝1）、补偿政策实施期（政策初期＝0，政策中期＝1）以及补偿政策是否受益与补偿政策实施期的交叉项3个指标进行分析。

（四）土地权能异质类型农户参与农田保护经济补偿政策效应评价

1. 农户参与农田保护经济补偿政策效应分析

首先，将农户按照政策前期、政策中期、受益农户与非受益农户进行划分，利用双重差分模型（DID），对受访农户总体参与农田保护经济补偿政策的实施效应进行估计，数据结果如表7-5所示。DID估计结果显示农田保护经济补偿政策显著提升了家庭总收入与家庭人均收入。补偿政策在5%的水平上降低了农户的经营性收入，回归系数为0.168。但在10%的水平上补偿政策又显著增加了农户的转移性收入，回归系数为0.181。农田保护经济补偿政策对于农户家庭农业从业人数有显著的抑制作用，在1%的水平显著，家庭农业从业人数的回归系数为0.594。在政策中期，农户对补偿政策满意度的回归系数为0.417，在1%的水平上显著。

表7-5 农田保护经济补偿政策的整体效应：DID估计

指标	变量说明	系数①	标准差	t	p>|t|	95%置信区间	
	家庭总收入	0.266***	0.060	4.47	0.000	0.15	0.38
因变量	家庭人均收入	0.168*	0.049	3.41	0.001	0.07	0.26
	工资性收入	0.133	0.095	1.39	0.165	−0.05	0.32

① 系数中每1行对应1条回归，DID估计结果为农户流转情况与政策实施期限的交叉性的估计系数，所有回归均对教育、性别、党员、村干部和兼业类型变量进行了控制。

（续）

指标	变量说明	系数	标准差	t	p>|t|	95%置信区间	
因变量	经营性收入	−0.168**	0.074	−2.27	0.023	−0.31	−0.02
	转移性收入	0.181*	0.070	2.59	0.010	0.04	0.32
	家庭总消费	1.270	2.399	0.53	0.597	−3.44	5.98
	家庭人均消费	0.665	0.891	0.75	0.456	−1.08	2.41
	农业从业人数	−0.594***	0.172	−3.46	0.001	−0.93	−0.26
	非农从业人数	−0.038	0.121	−0.31	0.755	−0.28	0.20
	补偿资金对生活的影响	0.022	0.181	0.12	0.901	−0.33	0.38
	补偿政策的农户满意度	−0.417***	0.113	−3.69	0.000	−0.64	−0.20
控制变量	教育	−0.807*	0.488	−1.66	0.098	−1.76	0.15
	性别	0.464***	0.071	6.52	0.000	0.32	0.60
	党员	0.059*	0.035	1.72	0.090	−0.01	0.13
	村干部	0.086*	0.050	1.74	0.083	−0.01	0.18
	兼业类型	0.129**	0.057	2.25	0.025	0.02	0.24

注：*** $p<0.01$，** $p<0.05$，* $p<0.1$。

2. 农田保护经济补偿政策效应的土地权能异质性

双重差分模型常用于估算补偿政策的平均处理效应，能够了解农田保护经济补偿政策对流转农户和未流转农户中哪一类农户的政策实施成效更大，这对补偿政策效应评价和补偿方案的后期调整具有非常重要的意义。限于篇幅，本书按照是否流转土地将受访农户分为2组，从土地流转角度对补偿政策的异质效应进行分析，土地流转指标属于非内生变量，适宜作为分组标准。所以，本书以土地流转作为异质性评价的指标，客观反映农户农业经营行为。

流转土地农户的双重差分模型估算结果如表7-6所示，农田保护经济补偿政策能够有效增加流转农户家庭总收入与家庭人均收入，对应增长概率分别为22.2%和18.6%；对于流转农户而言，补偿政策同样能够增加农户家庭的工资性收入和转移性收入，其中，农户家庭工资性收入增长了21.0%，农户家庭转移性收入提高了14.3%，两项指标均在10%的水平上显著；此外，补偿政策显著增加农户家庭的总消费和家庭人均消费，对于家庭总消费的影响程度为12.2%，对家庭人均消费的影响程度为3.2%；农田保护经济补偿政策推动了流转农户家庭劳动力的转移，补偿政策实施以后，补偿资金限制了流转农户家庭农业劳动力的投入，农业劳动力减少77.9%，但同时又提高了流转家庭非农劳动力的投入，非农劳动力提高了39.6%；随着补偿政策的不断开展，流转农户对补偿政策的满意度也在不断降低，到2015年，流转农户对补偿政策的满意度比 2012 年下降了 54.1%。

表 7 - 6　流转农户参与补偿政策的实施效应：DID 估计

指标	变量说明	系数	标准差	t	$p>\|t\|$	95%置信区间	
因变量	家庭总收入	0.222***	0.078	2.83	0.005	0.07	0.38
	家庭人均收入	0.186***	0.067	2.79	0.006	0.05	0.32
	工资性收入	0.210**	0.101	2.09	0.037	0.01	0.41
	经营性收入	0.064	0.088	0.73	0.465	−0.11	0.23
	转移性收入	0.143*	0.082	1.73	0.084	−0.02	0.30
	家庭总消费	0.122***	2.340	5.22	0.000	7.62	16.82
	家庭人均消费	0.032***	0.766	4.24	0.000	1.75	4.76
	农业从业人数	−0.779*	0.447	−1.74	0.082	−1.66	0.10
	非农从业人数	0.396*	0.221	1.79	0.073	−0.04	0.83
	补偿资金对生活的影响	−0.316	0.250	−1.26	0.207	−0.81	0.18
	补偿政策的农户满意度	−0.541***	0.195	−2.78	0.006	−0.92	−0.16
控制变量	教育	−0.788	0.585	−1.35	0.179	−1.94	0.36
	性别	0.077	0.086	0.89	0.372	−0.09	0.25
	党员	0.017	0.064	0.27	0.788	−0.11	0.14
	村干部	0.040	0.064	0.62	0.538	−0.09	0.17
	兼业类型	−0.566***	0.048	−11.92	0.000	−0.66	−0.47

注：*** $p<0.01$，** $p<0.05$，* $p<0.1$。

未流转土地农户的双重差分结果如表 7 - 7 所示，农田保护经济补偿政策能显著提升未流转农户的家庭人均收入，提升幅度为 12.8%，在 5% 的水平上显著；未流转农户家庭收入类别中，补偿政策能显著提升受访农户的家庭工资性收入与转移性收入，对应分别提升了 58.4% 和 64.6%；补偿政策对于未流转土地农户的家庭总消费和家庭人均消费也具有显著的正向影响，对应概率增加了 13.2% 和 3.90%；补偿政策能显著提升未流转家庭从事农业生产的劳动力人数，增长幅度为 35.8%；与此同时，补偿政策还限制了未流转土地家庭非农劳动力的投入，降低了 37.9%；补偿政策使未流转农户的政策满意度提高了 24.1%，满意度指标在 10% 水平上显著。

表 7 - 7　未流转农户参与补偿政策的实施效应：DID 估计

指标	变量说明	系数	标准差	t	$p>\|t\|$	95%置信区间	
因变量	家庭总收入	0.031	0.151	0.21	0.837	−0.26	0.33

（续）

指标	变量说明	系数	标准差	t	$P>|t|$	95％置信区间	
因变量	家庭人均收入	0.128＊＊	0.056	2.27	0.024	0.02	0.24
	工资性收入	0.584＊＊	0.226	2.58	0.010	0.14	1.03
	经营性收入	0.247	0.174	1.42	0.156	−0.094	0.591
	转移性收入	0.646＊＊＊	0.185	3.49	0.001	0.28	1.01
	家庭总消费	0.132＊＊	5.210	2.54	0.011	2.98	23.45
	家庭人均消费	0.039＊	2.120	1.84	0.066	−0.25	8.07
	农业从业人数	0.358＊＊	0.162	2.21	0.027	0.04	0.68
	非农从业人数	−0.379＊＊＊	0.124	−3.06	0.002	−0.62	−0.14
	补偿资金对生活的影响	0.120	0.476	0.25	0.802	−0.81	1.05
	补偿政策的农户满意度	0.241＊	0.137	1.75	0.080	−0.03	0.51
控制变量	教育	−1.572	1.342	−1.17	0.242	−4.21	1.06
	性别	0.769＊＊＊	0.156	4.94	0.000	0.46	1.08
	党员	0.147＊	0.089	1.67	0.096	−0.03	0.32
	村干部	0.218＊	0.123	1.77	0.077	−0.02	0.46
	兼业类型	0.275＊	0.148	1.85	0.065	−0.02	0.57

注：＊＊＊ $p<0.01$，＊＊ $p<0.05$，＊ $p<0.1$。

从未流转农户家庭工资性收入与转移性收入的变动情况来看（表 7 - 7），补偿政策对转移性收入的影响程度更高，转移性收入主要是包含农田保护补贴、农业补贴和政府补贴；农田保护经济补偿政策不仅增加了未流转农户的家庭人均收入，也提高了农户的消费水平，补偿政策对于改善受访农户的家庭福利水平具有显著的正向影响；补偿政策不仅有效提升未流转农户家庭农业劳动力人数，还降低了未流转农户家庭从事非农业生产的劳动力人数。

整体来看，补偿政策对流转农户家庭总收入的影响略高于家庭人均收入。补偿政策能够显著提升流转农户与未流转农户家庭的工资性收入与转移性收入，但补偿政策对经营性收入的影响则不显著。补偿政策能够显著提升家庭的总消费和家庭人均消费。补偿政策对流转农户与未流转农户的劳动力供给影响是有差异的，补偿政策增加流转农户家庭非农劳动力人数，而农业劳动力人数在不断降低。对未流转农户而言，补偿政策增加了受访家庭农业劳动力人数，减少非农生产中劳动力的投入。补偿政策对土地权能异质类型农户的农业劳动力与非农业劳动力的影响情况刚好相反。随着补偿政策的不断实施，参与政策的流转农户其补偿政策的满意程度在不断下降，而未流转农户的政策满意度则在不断上升。

（五）结论与讨论

本节通过对农田保护经济补偿政策对受访农户家庭收入、家庭支出、劳动力供给和主观政策满意度评价的影响进行分析。研究结果显示：农田保护经济补偿政策显著提高了农户家庭收入，特别是工资性收入与转移性收入，有利于减少农户家庭贫困水平，促进农户家庭消费支出，改善农户家庭生活条件。补偿政策对农户家庭劳动力供给方面的影响存在农户差异与区域异质性，随着政策的不断实施，农户对补偿政策的满意度在不断降低，流转土地的农户比未流转土地的农户，补偿政策实施效果更显著，表明农田保护经济补偿对流转农户与未流转农户参与政策成效方面影响上存在着显著的异质性差异。

对流转土地的农户而言，农田保护经济补偿政策能够显著提升受访农户的家庭总收入与家庭人均收入。从收入分类来看，补偿政策能够显著增加流转农户的家庭工资性收入与转移性收入。其中，补偿政策对家庭工资性收入的影响程度更高。在家庭消费支出方面，补偿政策能显著增加流转农户的家庭总消费与家庭人均消费。同时，农田保护经济补偿对于流转农户家庭非农就业的劳动力转移也起到一定积极的推动作用，推动流转农户减少了家庭农业劳动力人数。随着政策的不断推进，流转土地的农户对补偿政策的满意度在不断下降。

对未流转土地的农户而言，农田保护经济补偿政策能显著提升未流转农户的家庭人均收入、工资性收入和转移性收入，同样，对于农户家庭总消费与家庭人均消费也具有显著的正向影响，由此可知，补偿政策对于改善农户家庭福利水平具有显著的正向影响。此外，补偿政策显著提升了未流转农户家庭从事农业生产的人数，有效降低了未流转农户家庭从事非农业生产的劳动力人数，参与政策的农户补偿政策满意度提升了24.1%。

二、土地权能功能异质类型农户参与农田保护补偿政策成效提升的障碍因素

（一）文献回顾

随着经济体制的不断转型，我国农业环境也发生了翻天覆地的变化，农业劳动力开始不断向非农产业转移，土地流转规模与流转比例也在不断增大。理论表明，农地流转市场的形成，有利于低效率生产的农户通过流转将土地转给高效率生产的农户，从而实现农业边际产出的一致（姚洋，2000）。土地流转政策研究中，赵泽慧（2015）分析了经济相对发达的地区，在实施生态补偿制度后会对农户的土地利用行为产生影响，发现生态补偿资金分配与补偿账务问题是直接影响农户参与生态环境保护积极性的关键因素。张成宝等（2011）对

影响典型生态区内农户参与土地流转的因素进行分类，认为农地经营规模、非农收入占比、农业补贴政策认知是导致农户土地转入转出行为存在差异的关键。刘同等（2010）对比分析了土地流转前后土地经营权、农业集体经营权以及土地利用类型等在生态格局上的差异。土地流转提高了农业经营规模，但流转后非农化、非粮化比例的攀升，直接造成农田生态景观破碎程度的加剧，对农田生态环境造成破坏。夏玉莲和曾福生（2013）对农村土地流转的生态效应进行研究，不同区域之间流转行为与流转方式上存在显著差异，土地流转行为会影响农业经营规模、农业结构与农业技术调整以及农村生态环境的变化，区域经济增长和农业生产效率的提升也显著加剧了农村生态环境压力。农业环境政策效率的研究中，李全峰等（2015）分析了黑龙江省垦区差别化土地产权制度对区域经济效益、生态效益和社会效益的影响，认为加快土地使用权流转、加强生态环境基础建设能够有效提升耕地的利用效益。钟春平等（2013）从农业收入补贴与价格补贴角度，分析要素相对价格变化对农户参与农业补贴政策效应的影响。赵雪雁（2012a，2012b）对影响生态补偿政策效率的因素进行梳理，认为生态补偿效率与政策预期、参与政策的机会成本、潜在生态服务提供者的参与意愿、是否遵守项目对于土地用途的约束以及补偿政策是否引起不正当激励问题等因素相关。Swart（2003）、Wunder 等（2008）、Pagiola 和 Platais（2007）对发达国家和发展中国家开展的环境服务项目的政策效率进行比较，发现地方财政预算难以维系补偿政策资金的持续流入，造成项目实施后期缺乏必要的监管，进而导致农业环境政策的低效率。由此可见，土地流转行为与农业环境政策实施是同时进行的，土地流转政策加快了农业生产效率的提升，释放了更多的农业劳动力，农田保护经济补偿政策则通过保护优质农田，使耕地资源质量有所提高，农田保护经济补偿政策不仅使农田的经济价值、社会价值和生态价值外溢于其他经济主体，同时还为利益相关者带来生态、景观等外溢效应，增加效用与福利（马爱慧，2011）。

土地经营权流转研究重点在生态效应评价、土地流转对土地利用决策的影响以及流转政策的区域差异等方面，已有农田保护经济补偿政策效应提升的障碍因素分析多从区域异质性角度分析障碍因素的差异，本书以典型创新实践区内调研数据为例，从土地流转行为对农户参与农田保护经济补偿政策效应提升的影响因素方面进行分析，估算农田保护经济补偿政策对土地权能异质类型农户参与补偿政策效应提升的障碍因素及差异。

（二）数据变量与研究方法

1. 变量说明

土地权能异质类型农户参与补偿政策效应提升的主要障碍因素包括补偿范

围、补偿标准、补偿类型、资金发放与分配、补偿账务公开、补偿资金用途等方面。障碍因素指标用符号 $C_1 \sim C_8$ 来表示（表 7-8）。

表 7-8　土地权能异质类型农户参与补偿政策效应提升的障碍因素定义及说明

障碍因素	符号	变量定义	取值
缺乏明确的补偿范围	C_1	非常显著～非常不显著	5～1
缺乏统一的补偿标准	C_2	非常显著～非常不显著	5～1
补偿类型限定不一致	C_3	非常显著～非常不显著	5～1
资金发放形式不明确	C_4	非常显著～非常不显著	5～1
补偿资金分配不合理	C_5	非常显著～非常不显著	5～1
补偿账务对外不公开	C_6	非常显著～非常不显著	5～1
补偿资金用途限制多	C_7	非常显著～非常不显著	5～1
政策实施缺乏监督管理	C_8	非常显著～非常不显著	5～1

调研数据以苏州和成都地区 2012 年和 2015 年的土地流转数据为基础。障碍因素指标采用李克特 5 级量表形式进行标记，5 表示指标非常显著，1 表示指标非常不显著。依据受访农户家庭土地经营权是否进行流转，将土地权能异质类型农户分为流转农户与未流转农户两类。对于障碍因素中补偿类型、补偿发放形式、补偿资金分配以及补偿资金用途限制等变量的详细解释参见第五章第三节注释。

2. 研究方法

（1）基于熵权的 TOPSIS 模型

熵权改进的 TOPSIS 模型的计算主要包括 6 个步骤，详细介绍见第五章第三节注释。

Step1：集合流转农户与未流转农户的调研数据，构建样本特征矩阵；

Step2：利用极差法对特征矩阵进行归一化处理，结合熵权法计算障碍因素的指标权重；

Step3：计算土地权能异质类型农户障碍因素的熵值、差异性系数、权重系数，利用数据矩阵标准化结果与指标权重构件规范化矩阵；

Step4：确定土地权能异质类型农户障碍因素规范化矩阵中评价指标的正负理想解；

Step5：计算土地权能异质类型农户参与农田保护经济补偿政策效应提升的障碍因素评价指标到正负理想解的距离；

Step6：计算土地权能异质类型农户与最优目标之间的贴近度，评价土地权能异质农户参与补偿政策效果的优劣程度。

（2）障碍度模型

对土地权能异质类型农户参与农田保护经济补偿政策效应提升的障碍因素进行诊断，障碍度模型主要包含因子贡献度、指标偏离度与障碍度 3 个指标。障碍度（Y_j, y_j）为障碍因素对土地权能异质类型农户参与补偿政策效果评价的影响程度。

$$y_{ij} = I_{ij} w_j \Big/ \sum_{j=1}^{n} I_{ij} w_j , Y_{ij} = \sum y_{ij} \qquad (7-3)$$

式（7-3）中，$I_{ij} = 1 - r_{ij}$，r_{ij} 为单项指标的标准化值，采用极值标准化法求得，w_j 表示因子贡献度对总目标的权重，I_j 表示指标偏离度，是单项指标与农田保护经济补偿政策目标之间的差距。

（三）土地权能异质类型农户参与农田保护补偿政策成效提升的障碍因素

1. 土地权能异质类型农户障碍因素的熵权系数

首先，将受访农户分为流转农户与未流转农户，对苏州和成都地区两期调研数据中土地流转状况进行统计分析，将调研数据带入熵权改进的 TOPSIS 模型并进行运算，得到影响土地权能异质类型农户参与农田保护补偿政策障碍因素的熵值和熵权系数，结果如表 7-9 所示。

表 7-9　土地权能异质类型农户参与补偿政策障碍因素的熵权系数

项目		2012 年		2015 年		总体	
		熵	熵权系数	熵	熵权系数	熵	熵权系数
流转农户	C_1	7.51	0.126	6.70	0.122	11.82	0.122
	C_2	7.44	0.125	6.87	0.123	11.94	0.124
	C_3	7.77	0.131	7.65	0.129	12.63	0.128
	C_4	6.70	0.111	7.21	0.125	11.69	0.122
	C_5	7.01	0.117	7.22	0.125	11.94	0.124
	C_6	6.92	0.116	7.27	0.125	11.92	0.124
	C_7	7.92	0.135	7.22	0.125	12.65	0.128
	C_8	8.06	0.138	7.16	0.125	12.70	0.129
未流转农户	C_1	7.64	0.123	3.95	0.109	10.19	0.119
	C_2	8.14	0.132	4.19	0.118	10.65	0.125
	C_3	7.83	0.127	4.54	0.131	10.87	0.128

（续）

项目		2012 年		2015 年		总体	
		熵	熵权系数	熵	熵权系数	熵	熵权系数
未流转农户	C_4	7.71	0.124	4.51	0.129	10.74	0.126
	C_5	7.56	0.121	4.23	0.119	10.36	0.121
	C_6	7.70	0.124	4.40	0.126	10.64	0.125
	C_7	7.53	0.121	4.59	0.133	10.66	0.125
	C_8	7.89	0.128	4.66	0.135	11.03	0.130

2012 年，对于流转农户而言，政策实施缺乏监督管理指标的权重系数最大，对于未流转土地农户而言，补偿标准不统一的权重系数最大。到 2015 年，流转农户补偿类型限定不一致的权重系数最大。补偿政策实施期内，未流转土地农户，政策实施缺乏监督管理的权重系数最大。

2. 土地权能异质类型农户障碍因素的贴近度

对土地权能异质类型农户参与补偿政策的障碍因素贴近度进行分析，求得熵值和熵权系数的基础之上，计算土地权能异质类型农户参与政策障碍因素指标到正负理想解的距离，得到 8 个障碍因素指标的贴近度，结果如表 7 - 10 所示。

表 7 - 10　土地权能异质类型农户参与补偿政策障碍因素的贴近度

农户类别	障碍因素	符号	2012 年	2015 年	总体
流转农户	缺乏明确的补偿范围	C_1	0.581	0.670	0.648
	缺乏统一的补偿标准	C_2	0.614	0.663	0.651
	补偿类型限定不一致	C_3	0.524	0.565	0.624
	资金发放形式不明确	C_4	0.626	0.670	0.659
	补偿资金分配不合理	C_5	0.608	0.670	0.655
	补偿账务对外不公开	C_6	0.613	0.665	0.652
	补偿资金用途限制多	C_7	0.563	0.659	0.635
	政策实施缺乏监督管理	C_8	0.426	0.657	0.597
未流转农户	缺乏明确的补偿范围	C_1	0.603	0.745	0.670
	缺乏统一的补偿标准	C_2	0.499	0.741	0.672
	补偿类型限定不一致	C_3	0.562	0.692	0.625
	资金发放形式不明确	C_4	0.613	0.721	0.665
	补偿资金分配不合理	C_5	0.591	0.697	0.643

（续）

农户类别	障碍因素	符号	2012 年	2015 年	总体
	补偿账务对外不公开	C_6	0.592	0.699	0.645
未流转农户	补偿资金用途限制多	C_7	0.588	0.706	0.645
	政策实施缺乏监督管理	C_8	0.452	0.690	0.566

贴近度是政策指标偏离政策预期的幅度，障碍因素贴近度越接近 1，则补偿政策实施效应越好，贴近度越接近 0，则补偿政策实施效应越差。从表 7-10 的数据可知，对于流转农户而言，2012 年补偿政策在补偿资金发放方面效果最显著，在政策实施监管方面政策效果较差；2015 年，流转农户在补偿资金发放形式与补偿账务公开方面政策效果较好，在补偿类型限定方面政策效果较差。对于未流转农户而言，2012 年，农户对补偿政策在资金发放形式方面政策效果评价较好，在政策实施缺乏监管方面政策效果评价较差；到 2015 年，未流转农户对补偿政策范围不明确的政策效果评价较高，在政策实施缺乏监管方面评价效果较差。简而言之，流转农户与未流转农户均认为政策实施缺乏监管是农田保护经济补偿政策成效提升的最主要障碍因素。

3. 土地权能异质类型农户障碍因素的障碍度

以流转农户和未流转农户为例，从土地权能异质性角度分析农户参与补偿政策效应提升的障碍因素，评价结果如表 7-11 所述，依据障碍因子的障碍度大小列出排名前 5 的障碍因子。对于流转农户而言，限制 2012 年补偿政策效应提升的最主要障碍因素是政策实施缺乏监督管理，障碍度为 14.24，其次是补偿类型限定不一致；到 2015 年，限制流转农户参与补偿政策提升最主要的障碍因素同样是政策实施缺乏监管，排在第二的障碍因子是补偿标准不统一，障碍度分别为 12.44 和 11.53。

表 7-11　土地权能异质类型农户参与补偿政策效应提升的障碍因素

项目		类别	指标 1	指标 2	指标 3	指标 4	指标 5
	2012	障碍因素	C_8	C_3	C_7	C_1	C_2
		障碍度	14.24	10.81	9.99	8.86	7.99
流转农户	2015	障碍因素	C_8	C_2	C_3	C_6	C_7
		障碍度	12.44	11.53	9.34	8.44	8.30
	总体	障碍因素	C_8	C_3	C_7	C_1	C_6
		障碍度	11.36	10.43	10.12	9.27	9.24

（续）

项目	类别		指标 1	指标 2	指标 3	指标 4	指标 5
未流转户	2012	障碍因素	C_3	C_7	C_8	C_6	C_5
		障碍度	13.44	9.82	9.81	9.68	9.48
	2015	障碍因素	C_8	C_3	C_7	C_6	C_4
		障碍度	11.52	11.00	10.61	10.19	9.81
	总体	障碍因素	C_8	C_3	C_7	C_6	C_5
		障碍度	12.41	10.09	9.25	9.23	8.96

对于未流转农户而言，2012 年补偿政策成效提升的主要障碍因素是补偿类型限定不一致，其次是补偿资金用途限制较多，补偿类型与补偿资金用途限制导致部分未流转农户不能及时参与农田保护经济补偿政策，也无法获得补偿资金，从而限制补偿政策成效的提升；到 2015 年，限制未流转农户参与补偿政策的最主要障碍因素是政策实施缺乏监督管理，其次是补偿类型限定不一，这两项指标依旧是制约未流转农户参与政策效应的关键。总体来看，政策实施期内，限制农户参与补偿政策效应提升的最主要障碍因素依次是补偿政策实施缺乏监督管理与补偿类型限定不一致。

（四）结论与讨论

以苏州和成都地区两期微观农户调研数据为例，依据土地流转行为差异将农户类型分为流转农户和未流转农户两类。从模型结果来看，无论是政策初期还是政策中期，限制农户参与农田保护经济补偿政策效应提升的最主要障碍因素分别是补偿政策实施缺乏监督管理和补偿类型限定不一致。其中，对流转农户而言，限制 2012 年政策效应提升的最主要障碍因素是政策实施缺乏监督管理，其次是补偿类型限定不一致；到 2015 年，限制补偿政策效应提升的最主要障碍因素也是政策实施缺乏监管，其次是补偿标准不统一。对于未流转农户而言，2012 年的最主要障碍因素是补偿类型限定不一致与补偿资金用途限制较多；到 2015 年，限制未流转农户参与政策成效提升的最主要障碍因素是政策实施缺乏监督管理，其次是补偿类型限定不一。

三、本章小结

本书在土地承包权与土地经营权相分离的背景下，以典型创新实践区域内流转农户与未流转农户为例，分析土地权能异质类型农户参与农田保护经济补偿政策效应提升的障碍因素及差异，主要从（1）土地权能异质类型农户参与农田保护经济补偿政策效应估计；（2）土地权能异质类型农户参与农田保护经济补偿政策效应提升的障碍因素两个方面展开。由于调研地区部分经济指标数据缺失，文中暂不考虑经济因素等变量对土地权能异质类型农户参与农田保护经济补偿政策效应的影响。

　　本章第一节以典型调研实践区内微观农户调研数据为例，分析农田保护经济补偿政策对受访农户家庭收入、家庭支出、劳动力供给与补偿政策满意度评价的影响。研究结果显示，农田保护经济补偿政策显著提高了农户家庭收入，特别是工资性收入与转移性收入，降低农户家庭贫困水平，促进农户家庭消费支出，改善农户家庭生活条件，补偿政策对农户家庭劳动力供给的影响存在显著的农户差异与区域异质性，随着政策的不断实施，农户对补偿政策的满意度在不断降低。简而言之，流转农户的补偿政策效果比未流转农户的更显著。

　　本章第二节从流转农户与未流转农户视角，分析了土地权能异质类型农户参与补偿政策效应提升的障碍因素及差异。研究结果表明，政策实施期内，限制农户参与补偿政策效应提升的最主要障碍因素是补偿政策缺乏监督管理与补偿类型限定不一致。其中，在 2012 年，限制流转农户参与政策效应提升的最主要障碍因素是政策缺乏监督管理，其次是补偿类型限定不一致。限制未流转农户参与补偿政策的最主要障碍因素是补偿类型限定不一致，其次是补偿资金用途限制较多。到 2015 年，限制流转农户补偿政策效应提升的最主要障碍因素同样也是政策缺乏监督管理，其次是补偿标准不统一。限制未流转农户参与政策的主要障碍因素是政策缺乏监督管理，其次是补偿类型限定不一。

　　综上所述，苏州和成都地区实施农田保护补偿政策能够增加农户的转移性收入，激励生计多元化、兼业程度高、农地生存依赖度低的农户进行土地流转，受补偿农户存在两种土地权能异质类型，本书以流转农户和未流转农户为例，从土地流转过程中农户承包权与经营权相分离的维度，探索土地权能异质类型农户参与农田保护经济补偿政策的实施效应、障碍因素，有利于定位参与政策相对有效的农户类型和补偿对象特征，为政策成效提升提供参考借鉴。

第八章　研究结论与政策建议

一、研究结论

农田保护补偿政策已成为近 30 年来欧美发达国家及近几年墨西哥、中国等发展中国家激励农户参与优质农田保护的有效途径，农民自愿签订协议参与管理，获取相关技术援助、财政补贴及经济补偿。例如，美国农业部管理着包括土地休耕项目（CRP）、环境质量激励项目（EQIP）、资源保护管理项目（CSP）在内的 20 多个分支项目，对在农业土地上采取保护性耕作措施的农业生产者、土地所有者予以直接或间接援助或补偿，帮助农民减少土壤侵蚀、改善水质、保护生物栖息地等。当前我国正处在社会经济发展转型的关键时期，保证粮食等重要农产品供给、协调资源环境承载能力成为亟待解决的现实问题，为了创新农田保护激励制度，本书对现行农田保护经济补偿政策实施效应进行评估。首先，对美国、欧盟等发达国家的农业环境政策效应评价的研究进展进行梳理和借鉴，简要分析我国典型地区农田保护经济补偿模式，以苏州和成都地区 2012 年和 2015 年两期调研数据为例，对比分析农户参与农田保护经济补偿政策的认知差异。其次，从区域异质、耕地功能异质和土地权能异质 3 个方面分析农户参与农田保护经济补偿政策的异质效应，评估影响异质区域、异质类型农户参与农田保护经济补偿政策的制度因素、经济因素，以及限制区域异质、耕地功能异质、土地权能异质不同类型农户参与补偿政策成效提升的障碍因素。主要研究结论包括。

（一）农户参与农田保护经济补偿政策的认知差异及规律

以苏州和成都等典型创新实践地区为例，分析受访农户参与农田保护补偿的认知差异与参与动机。农田保护经济补偿政策实施期内，愿意参与农田保护经济补偿政策的农户比例在不断上升，2015 年愿意参与补偿政策的受访农户比例为 83.23%，比 2012 年增加了 37.22%。成都地区受访农户参与补偿政策的意愿比例为 82.80%，略低于苏州地区的 83.82%。由此可知，农田保护经济补偿政策在激励农户稳定从事农业生产、提高农业种植积极性方面效果显著。补偿政策实施期内，农户参与补偿政策的主要动机之间存在一定差异，2012 年，补偿政策实施初期，农户愿意参与农田保护经济补偿政策的最主要动机是补偿政策能够保障农户稳定从事农业生产，降低政府征收土地风险。到 2015 年，补偿政策实施中期，农户愿意参与农田保护经济补偿政策的主要动机是为了获得农田保护补偿资金。受访农户对苏州和成都地区农田保护经济补偿政策成效认知方面存在显著区域差异。苏州地区受访农户对补偿政策改善农田生态环境、降低贫困水平的认知在不断上升，而在补偿政策增加农户家庭经济收入、提高农田保护积极性方面认知水平在下降；成都地区受访农户对补偿政策提高农田保护积极性、降低贫困水平的认知在上升，而在提高家庭经济收入、改善生态环境方面的认知在不断下降。

（二）典型创新实践地区农户参与农田保护补偿政策的效应评价

以苏州和成都典型创新实践地区两期微观农户调研数据为例，运用倾向得分匹配模型，分析农田保护经济补偿政策对典型区域受访农户的家庭收入、家庭支出、劳动力供给、补偿政策满意度方面的影响，比较受益农户与非受益农户参与农田保护经济补偿政策成效差异，结合最近邻匹配、半径匹配和核匹配方法验证农田保护经济补偿政策平均处理效应与匹配结果的一致性。

研究结果表明：成都地区实施农田保护经济补偿政策在政策中期提升了受益农户的家庭人均收入，比非受益农户家庭人均收入多增加 1 131 元。成都地区补偿政策实施提升了受益农户的家庭支出，在 2012 年和 2015 年，受益农户的家庭支出比非受益农户分别增加 285 元和 418 元。农田保护经济补偿政策对苏州地区受访农户的家庭收入和家庭支出的影响则不显著。实施农田保护经济补偿政策初期减少了苏州地区受益农户家庭的非农就业劳动力人数，平均减少 0.076 人。补偿政策实施还增加了受益农户家庭的农业劳动力人数，比非受益农户多增加 0.047 人。成都地区实施农田保护经济补偿政策中期降低了受益农户家庭非农劳动力人数，平均减少 0.008 人，补偿政策激励受益农户家庭农业劳动力人数，平均增加 0.006 人和 0.007 人。此外，农田保护经济补偿政策实施还对农户补偿政策满意度产生影响，其中，苏州地区 2015 年受益农户对补偿政策满意度比非受益农户平均高 0.095 个单位。2012 年，成都地区补偿政策使受益农户补偿政策满意度比非受益农户高出 0.006 个单位，到 2015 年，成都地区补偿政策对受益农户的政策满意度提升了 0.010 个单位。

整体来看，农田保护经济补偿政策实施对典型区域受访农户的家庭收入、家庭支出、劳动力供给、补偿政策满意度的影响均存在显著的区域差异，补偿政策能够提升成都地区受访农户的家庭收入和家庭支出，对苏州地区受访农户的家庭收入与家庭支出的影响并不显著。政策初期补偿政策激励了苏州地区受访农户增加家庭农业劳动力人数，减少非农劳动力人数，到政策中期，补偿政策的激励效果并不显著。成都地区实施的农田保护经济补偿政策能够显著激励受访农户提高家庭农业劳动力人数，减少非农劳动力供给。补偿政策满意度方面，苏州地区和成都地区受益农户的补偿政策满意度显著高于非受益农户。

（三）典型创新实践地区影响农户参与补偿政策的制度因素差异

典型创新实践地区影响农田经济补偿政策实施成效的制度因素与经济因素之间存在显著差异。制度因素中，享有农田保护经济补偿政策会显著提升苏州地区受访农户的家庭生活水平，而补偿政策执行年限越长则对成都地区受访农户家庭生活水平的改善效果越大；经济因素中，家庭人均金融资产能够显著提升苏州地区补偿政策的成效，而成都地区家庭人均金融资金、农业经营资本变量才是显著提升农田保护经济补偿政策成效的关键，能够有效改善受访农户的生活水平。此外，苏州地区耕地资源禀赋与人口抚养系数会降低农田保护经济补偿政策的成效，耕地资源禀赋越多、家庭人口负担比越重，则越不利于农户家庭生活水平的改善。

（四）耕地功能异质类型农户参与农田保护补偿政策的效应差异

从农户家庭耕地利用功能异质性视角，依据耕地功能指标强弱度将农户划分为经济功能、生产功能、养老功能和生态功能 4 种类型。利用模糊综合评价方法，对 4 种耕地功能异质类型农户参与农田保护经济补偿政策的实施成效及差异进行比较与分析。研究结果表明，受访农户中，生产功能主导型农户对补偿政策成效评价最高，模糊指数为 0.560；其次是经济功能主导型农户与养老功能主导型农户，模糊指数分别为 0.537 和 0.529；而生态功能主导型农户对补偿政策效果的评价最低，模糊指数仅为 0.464。耕地功能异质类型农户对补偿政策成效的评价也具有显著的区域差异特征。其中，苏州地区在政策实施期内，经济功能主导型农户对补偿政策效果评价最高，其次是生产功能型农户与养老功能型农户，而生态功能型农户的补偿政策效果评价最差。成都地区在政策初期，生产功能主导型农户对补偿政策成效评价最高，其次是经济功能主导型农户与生态功能主导型农户，而养老功能主导型农户的补偿政策效果评价最差。成都地区在政策中期，耕地功能异质类型农户对补偿政策成效评价的结果刚好相反，养老功能主导型农户政策成效评价变为最好，经济功能主导型农户与生态功能主导型农户评价效果居中，生产功能主导型农户对补偿政策成效的评价变为最差。

（五）土地权能异质类型农户参与农田保护补偿政策的效应差异

从土地权能异质类型视角来看，补偿政策能够显著提升流转农户的家庭总收入、家庭人均收入、工资性收入与转移性收入，也同样会显著增加流转农户的家庭总消费和家庭人均消费，减少家庭农业劳动力人数，促进家庭非农劳动力转移。但是，流转农户对补偿政策的满意度在不断下降。就未流转农户而言，补偿政策同样显著提升了农户的家庭人均收入、工资性收入与转移性收入，对于未流转农户的家庭总消费和家庭人均消费也有正向影响。同时，补偿政策增加了未流转农户的家庭农业劳动力人数，降低了家庭非农劳动力人数。而未流转农户对补偿政策满意度有一定提升。综上所述，补偿政策对流转农户在家庭劳动力供给与补偿政策满意度方面的影响，与未流转农户之间存在显著的反向差异。

（六）异质类型农户参与补偿政策成效提升的障碍因素

从异质类型农户参与农田保护经济政策成效提升的障碍因素来看。不同创新实践地区影响因素不同，影响苏州地区农户参与补偿政策成效提升的主要障碍因素是：政策缺乏监管、补偿标准不统一；影响成都地区农户参与补偿政策成效提升的主要障碍因素为：政策缺乏监管、补偿类型限定不一致。从不同耕地功能类型来看，政策缺乏监管是经济功能主导型与生产功能主导型农户参与补偿政策成效提升的最主要障碍因素。2012 年，养老功能主导型农户政策效应提升的关键是政策标准不统一，而影响生态功能主导型农户的最主要障碍是资金发放形式不明确。到 2015 年，限制养老功能型与生态功能型农户参与政策成效提升的主要因素变为补偿资金分配不合理。从不同权能类型来看，政策实施期内，限制流转农户政策成效提升的主要障碍因素是政策缺乏监管，限制未流转农户政策效应提升的关键障碍因素是补偿类型不一致与政策缺乏监管。综上所述，政策缺乏监督管理是限制不同类型农户政策效应提升的最主要障碍因素，对于异质类型农户而言，障碍因素导致异质农户政策效应上的差异。

二、政策建议

苏州和成都等地率先实施农田保护经济补偿政策，补偿政策实施的6～7年里，在限制农田用途转变、提升耕地质量方面起到一定推动作用，但是补偿政策并没有完全达到补偿政策的预期目标，在维护和改善农田生态环境，有效保障农田种植面积，维持农户种植积极性方面，政策效果略显不足。究其原因，农田保护经济补偿政策在制定过程中存在目标偏差，没有切实考虑相关利益主体的异质型与补偿政策影响因素的不确定性。因此，为了调整现有农田保护经济补偿政策的目标，有效提高农田保护经济补偿政策成效，结合实地调研结果，提出以下政策建议。

（一）鼓励地方政府主动参与，细化补偿政策法律规范，提高公众保护农田生态环境的积极性

耕地"数量、质量和生态环境"三位一体的管理，离不开地方政府和社会公众的广泛参与，只有地方政府与社会公众都将生态环境保护观念转为实际行动，农田保护经济补偿政策才能落到实处，才会破解农田生态环境保护工作所面临的困境。实地调查发现，苏州和成都地区受访农户对农田保护补偿政策的补偿标准、补偿政策预期目标等概念缺乏清醒的认识，这不仅与补偿政策目标不明确、补偿政策不规范和政策实施缺乏后期监管有关，还与地方政府在政策宣传与资金分配方面缺乏显示可操作性密切相连，由于地方政府与农户之间补偿政策信息的沟通不畅，造成公众对农田保护经济补偿政策缺乏必要的了解，这也降低了农户对补偿政策实施成效的评判。因此，建议地方政府参照优质地区实施的农田生态补偿政策考核条例，细化补偿政策方案，将农田生态保护落实到位，地方政府能够通过制度考核与政策评估等方式对补偿政策的成效进行量化比较，同时加大对耕地在保证粮食安全、维护社会稳定等方面的重要性的政策宣传，向社会公众普及耕地所具有的生态服务价值，让社会公众明白，人人都是农田生态环境保护的受益者。与此同时，调动公众参与政策的积极性，提高公众对农田生态环境保护的认知，并重点激励农田保护经济补偿政策成效显著区域农户的政策参与程度，最大限度地发挥农田保护经济补偿政策的激励效应。

（二）规范农田保护补偿的运行程序，完善农田保护补偿机制，强化政府部门的监管职能

农田环境保护补偿政策在实施过程中，补偿政策的监督管理机制并不完

善。苏州和成都地区也未明确出台与农田生态环境保护政策相关的政策目标与奖惩规范，对于破坏农田生态环境或者未能履行农田保护经济补偿政策的责任人的惩罚力度也比较轻，所以造成经济补偿对农田生态环境保护的敦促和激励效果明显不足（李国平，郭江，2013；董红，2014），同时也导致政策成效不显著、后期监管不规范、农户补偿政策参与意愿不断降低等问题的发生。由于补偿政策激励效果的不断退化，造成补偿政策中期，受访农户认为补偿政策仅仅是一种简单的财政补贴机制，缺乏政策有效性。因此，建议地方政府制定可操作性的政策法规，完善现有补偿政策的监督管理机制，规范农田保护经济补贴运行程序，确保农田保护补偿资金发放形式的进一步落实。切实加强政策实施前、政策实施中、补偿发放后的监督管理，不断对政策监管的实施情况进行总结反馈，建立起一个"重实绩、奖优罚劣"的农田保护补偿政策成效评价体系，严查违纪、违规行为，杜绝村集体等利益主体肆意截留、挪用资金等现象的发生，确保补偿资金发放到位。对于克扣、挤占补贴资金，或者冒领、套取农田保护经济补偿资金的利益主体，要追究相关责任人的法律责任。对于虚报面积套取农田保护补偿资金的种植大户或土地承包户，地方政府可以依据出台的补偿政策监督管理条例对其进行曝光，并取消责任人一定期限内重新参与补偿政策、领取农田保护补贴的资格，追回已发放的补贴资金。

（三）注重补偿政策成效的跟踪与反馈，依据异质农户参与政策的成效差异，集中利用有限的农田保护补偿资金，提高政策的激励效应

作为一个发展中国家，我国农田保护经济补偿政策的执行能力还非常有限，现有补偿政策对农田环境保护起到的更多是导向和激励作用。农业收入作为农户家庭生计的主要来源，是显著激励农户种粮积极性与稳定农户自愿参与农田生态保护的关键。从激励理论来看，补偿政策对于农户参与政策的激励效果与补偿资金激励强度呈正相关，只有当预期补偿资金与农户个人收入之间存在较大差距时，补偿政策才能取得显著的激励效果，而苏州和成都两个地区的亩均补偿标准介于 $200 \sim 400$ 元之间，总体较低，与农户预期的补偿标准之间差距较大，而且农田保护补偿资金的发放又与划定的土地等级、家庭承包地面积、购买养老保险等指标紧密相关，即在补偿政策实施初期，补偿政策尚属"特惠制"，受养老保险政策的限制，并非每个农户都能享有，这也大大降低了补贴政策的激励效果。因此，依据苏州和成都地区的调研实践结果，在对农田保护经济补偿政策进行调整和完善的过程中，需要依据自然资源禀赋、农户生计方式和个体特征差异及区域空间分异特征，结合土地流转类型、耕地功能异质类型的影响，来对典型地区补偿政策成效、影响因素进行评价，并对补偿政

策成效评价较高的农户类型，适当采取政策倾斜，集中高效地利用补偿资金，对有限的农田保护补偿资金进行再分配，进而实现补偿政策激励效应的提升。

（四）借鉴典型地区发展模式与实践经验，调整补贴发放形式，提高政策补贴力度，构建农田保护经济补偿政策的激励机制

调整和完善农田保护经济补偿政策需要在补偿标准、补偿类型和补偿资金发放形式等方面充分考虑地块异质性、空间差异性以及农户个体特征因素的差异。从调研结果来看，虽然苏州和成都地区受访农户普遍认为农田保护政策的补偿标准不高，但在补偿政策实施初期，农田保护经济补偿政策在激励农户参与农田生态环境保护、保障国家粮食安全方面仍取得一定激励效应，但是随着政策的不断实施，补偿政策实施效果在不断减弱。特别是在土地流转政策背景下，因种粮大户的农地规模经营收益高于小农户的农业种植效益，且现有补偿政策促使更多农业劳动力向城市转移，所以，现有补贴可以参照承包地的规模来进行政策调整，鼓励农户进行专业化经营，通过较高的补贴率来促使小农户之间进行经营合作，增加种粮大户的补贴金额，提高集中成片经营的补贴效率，进而提高土地利用效率与粮食生产的机械化水平。异质类型农户参与政策成效的评价结果表明，科学合理地调整现有补偿资金的发放方式，强化农田保护经济补贴政策条例的科学性与可操作性，把现行的"普惠制"补贴政策转为面向种粮大户和高效农户的"专惠制"补贴政策，显著提升高效农户的补贴资金发放力度，构建高效率的补偿政策激励机制。

（五）加快土地流转工作，鼓励土地适度规模经营，提高农产品净收益，激励农户参与农田生态保护的积极性

农户是农田生态环境保护的参与主体，不仅在保证耕地数量、提升耕地质量方面发挥着重要作用，在耕地生态管护方面的核心作用也在不断增强。限制农户参与耕地"数量、质量和生态"三位一体管理工作的一个重要障碍因素是农产品比较效益低。随着工业化、城镇化的不断繁荣，日益减少的农业生产净效益导致小规模农户的农业收入难以维持基本家庭生计，受访农户亩均劳动力投入也在不断降低。农村农业劳动力老龄化现象的加剧也导致农户参与农田生态环境保护积极性的降低，这严重制约了我国农田保护经济补偿政策效率的提升。因此，需要加快土地流转工作，促进土地适度规模经营，提高农产品的净收益，只有土地适度规模经营的净效益高于农户从事非农生产的净收入，才能提高农户参与农田保护经济补偿政策的积极性，切实提高农田保护补偿政策的机制效率。

三、未来展望

以国内率先实施农田保护经济补偿政策的典型创新实践区域——苏州市和成都市为例，从不同典型创新实践地区、耕地功能异质、土地权能异质类型农户视角，揭示补偿政策的实施效应、影响及障碍因素差异，这仅仅是研究工作的开始，更重要的是要将现有研究结论与调研实际相结合，研究引导实践，探索解决实践调研过程中发现的问题，为调整和完善现有农田保护经济补偿政策提供重要参考依据。

①本书选取部分制度因素、经济指标和农户个体特征指标对不同类型地区影响农户参与农田保护经济补偿政策的关键因素进行分析，对比不同阶段、不同区域之间补偿政策具体成效的差异，原计划对影响耕地功能异质型农户与土地权能异质型农户参与补偿政策的制度及经济因素也进行分析，但是由于2012年典型区域补偿政策成效调研问卷设计遗漏，导致部分经济因素与制度因素指标缺失，所以书中考虑制度因素和经济因素对不同类型农户参与补偿政策的影响，后续调研中可以考虑进一步补充和加强。

②本书将耕地功能异质类型农户划分为经济功能主导型、生产功能主导型、养老功能主导型和生态功能主导型4种类型，土地权能异质类型农户划分为流转农户与未流转农户两类，虽然从耕地功能异质和土地权能异质两个方面对农户分化类型进行细致的划分，并比较农户参与补偿政策的成效差异，但未来仍可以考虑从农户生计多样性与耕地资源禀赋特征差异两个方面对农户类型进行考虑，深入分析生计方式异质、耕地资源禀赋异质类型农户参与农田保护补偿政策的效应差异，将会更全面地反映不同分化类型农户参与补偿政策成效的影响。

③书中对农户参与农田保护经济补偿政策的效应进行评价，发现补偿政策效果之间存在显著的区域差异和农户类型差异，借鉴已有政策研究成果，后续可将重点关注政策成效评价较差的农户类型，及时调整和完善现有农田保护经济补偿政策，有针对性地调整补偿资金的分配方式和分配力度，为农田保护经济补偿政策效应提升提供路径选择依据。同时，加强对补偿政策实施效果评价较好区域的补偿力度，维持良好的政策效果，进一步稳定开展农田保护经济补偿政策。

④调研数据中转出户与转入户比例的严重失衡，由于两期调研样本数量的限制，无法对流转农户做进一步的细分，未来可以考虑扩充调研区域转入户与转出户的样本容量，并将流转农户细分为转出土地的农户与转入土地的农户，在样本比例均衡的前提下，进一步分析补偿政策对转入土地农户、转出土地农户以及未流转土地农户的政策效应影响及差异。

参 考 文 献

蔡银莺，张安录，2010. 规划管制下农田生态补偿的研究进展分析 ［J］. 自然资源学报，25（5）：868－880.

蔡银莺，朱兰兰，2014. 农田保护经济补偿政策的实施成效及影响因素分析：闵行区、张家港市和成都市的实证 ［J］. 自然资源学报，29（8）：1310－1322.

蔡运龙，霍雅勤，2006. 中国耕地价值重建方法与案例研究 ［J］. 地理学报，16（10）：1084－1092.

曹明德，2004. 对建立我国生态补偿制度的思考 ［J］. 法学（3）：40－43.

陈傲，2008. 中国区域生态效率评价及影响因素实证分析：以 2000—2006 年省际数据为例 ［J］. 中国管理科学，S1：566－570.

陈彬，2008. 欧盟共同农业政策对环境保护问题的关注 ［J］. 德国研究，23（2）：41－46，78.

陈传明，2011. 福建武夷山国家级自然保护区生态补偿机制研究 ［J］. 地理科学，31（5）：594－599.

陈建铃，戴永务，刘燕娜，2015. 福建生态公益林补偿政策绩效棱柱评价 ［J］. 林业经济问题（5）：456－461.

陈昕，1994. 财产权利与制度变迁：产权学派与新制度学派译文集 ［M］. 上海：上海人民出版社.

陈治胜，2011. 关于建立耕地保护补偿机制的思考 ［J］. 中国土地科学，25（5）：10－13.

程宇光，2010. 论农业补贴的农村环境保护功能：以欧美农业补贴制度的比较为视角 ［J］. 河北法学（8）：171－178.

程子良，蔡银莺，杨余洁，等，2014. 不同类型功能区农户参与农田生态补偿政策的意愿及差异性：以武汉、荆门和麻城为实证 ［J］. 中国人口·资源与环境，S3：310－314.

崔向雨，2008. 北京市山区生态公益林补偿政策实施成效分析及评价 ［D］. 北京：北京林业大学.

邓远建，肖锐，严立冬，2015. 绿色农业产地环境的生态补偿政策绩效评价 ［J］. 中国人口·资源与环境，25（1）：120－126.

丁四保，王晓云，2008. 我国区域生态补偿的基础理论与体制机制问题探讨 ［J］. 东北师大学报（哲学社会科学版）（4）：5－10.

东梅，王桂芬，2010. 双重差分法在生态移民收入效应评价中的应用：以宁夏为例 ［J］. 农业技术经济（8）：87－93.

董红，2015. 我国农业生态补偿制度探析 ［J］. 西北农林科技大学学报（社会科学版），15（1）：135－139.

董涛，孔祥斌，谭敏，等，2010. 大都市边缘区基本农田功能特点及划定方法 [J]. 中国土地科学，24（12）：32-37.

杜辉，张美文，陈池波，2010. 中国新农业补贴制度的困惑与出路：六年实践的理性反思 [J]. 中国软科学（7）：1-7，35.

杜继丰，袁中友，2015b. 耕地生产、生态功能视角下巨型城市区耕地补偿分区与补偿金配置研究：以珠三角为例 [J]. 中国土地科学，29（4）：34-40.

杜继丰，袁中友，2015a. 基于耕地多功能需求的巨型城市区耕地保护阈值探讨：以珠江三角洲为例 [J]. 自然资源学报，30（8）：1255-1266.

杜继丰，袁中友，2013. 数量视角的巨型城市区域耕地保护政策效果：以珠三角为例 [J]. 国土资源科技管理，30（5）：96-102.

冯锋，杜加，高牟，2009. 基于土地流转市场的农业补贴政策研究 [J]. 农业经济问题（7）：22-25.

冯继康，2007. 美国农业补贴政策：历史演变与发展走势 [J]. 中国农村经济（3）：73-78，80.

付岩岩，2013. 欧盟共同农业政策的演变及启示 [J]. 世界农业（9）：54-57.

甘黎黎，李睿，2015. 区域生态治理中的政策工具选择：以鄱阳湖生态经济区为例 [J]. 企业经济（4）：168-172.

高进云，乔荣锋，张安录，2007. 农地城市流转前后农户福利变化的模糊评价：基于森的可行能力理论 [J]. 管理世界（6）：45-55.

高梦滔，姚洋，2006. 农户收入差距的微观基础：物质资本还是人力资本？[J]. 经济研究（12）：71-80.

顾和军，2008. 农民角色分化与农业补贴政策的收入分配效应 [D]. 南京：南京农业大学.

郭君平，吴国宝，2014. "母亲水窖"项目对农户非农就业的影响评价：基于倾向值匹配法（PSM）估计 [J]. 农业技术经济（4）：89-97.

何承耕，2007. 多时空尺度视野下的生态补偿理论与应用研究 [D]. 福州：福建师范大学.

侯成成，赵敏丽，李建豹，等，2011. 生态补偿与区域发展关系研究的进展及展望 [J]. 林业经济问题，31（3）：279-282.

黄季焜，马恒运，2000. 差在经营规模上：中国主要农产品生产成本国际比较 [J]. 国际贸易（4）：41-44.

黄季焜，王晓兵，智华勇，等，2011. 粮食直补和农资综合补贴对农业生产的影响 [J]. 农业技术经济（1）：4-12.

冀县卿，钱忠好，葛轶凡，2015. 如何发挥农业补贴促进农户参与农地流转的靶向作用：基于江苏、广西、湖北、黑龙江的调查数据 [J]. 农业经济问题（5）：48-55，110-111.

姜广辉，张凤荣，孔祥斌，等，2011. 耕地多功能的层次性及其多功能保护 [J]. 中国土地科学，25（8）：42-47.

姜广辉，赵婷婷，段增强，等，2010. 北京山区耕地质量变化及未来趋势模拟 [J]. 农业工程学报，26（10）：304-311.

蒋和平，吴桢培，2009. 湖南省汨罗市实施粮食补贴政策的效果评价：基于农户调查资料

分析 [J]. 农业经济问题 (11)：28-32.

李国平，郭江，2013. 能源资源富集区生态环境治理问题研究 [J]. 中国人口·资源与环境，23 (7)：42-48.

李海燕，蔡银莺，2014. 生计多样性对农户参与农田生态补偿政策响应状态的影响：以上海闵行区、苏州张家港市发达地区为例 [J]. 自然资源学报，29 (10)：1696-1708.

李海燕，蔡银莺，2015. 主体功能区农田生态补偿的农户受偿意愿分析：以重点开发、农产品主产和生态功能区为实证 [J]. 农业现代化研究，37 (1)：123-129.

李静，谢丽君，李红，2013. 农民培训工程的政策效果评估：基于宁夏农户固定观察点数据的实证检验 [J]. 农业技术经济 (3)：26-35.

李克国，2000. 生态环境补偿政策的理论与实践 [J]. 环境科学动态 (2)：8-11.

李明桥，2013. 农业补贴政策与农村收入不平等：基于农村贫困地区住户调查的分析 [J]. 宁夏社会科学 (3)：25-34.

李全峰，杜国明，胡守庚，2015. 不同土地产权制度下耕地利用综合效益对比分析：以黑龙江省富锦市垦区与农区为例 [J]. 资源科学，37 (8)：1561-1570.

李文华，刘某承，2010. 关于中国生态补偿机制建设的几点思考 [J]. 资源科学，32 (5)：791-796.

李玉新，魏同洋，靳乐山，2014. 牧民对草原生态补偿政策评价及其影响因素研究：以内蒙古四子王旗为例 [J]. 资源科学，36 (11)：2442-2450.

梁芷铭，吴雪平，2014. 欧盟共同农业政策分析 [J]. 世界农业 (11)：66-68.

林毅夫，2000. 加强农村基础设施建设启动农村市场 [J]. 农业经济问题 (7)：2-3.

刘传江，程建林，2008. 第二代农民工市民化：现状分析与进程测度 [J]. 人口研究，32 (5)：48-57.

刘春腊，刘卫东，2014. 中国生态补偿的省域差异及影响因素分析 [J]. 自然资源学报，29 (7)：1091-1104.

刘凤芹，2003. 中国农业土地经营的规模研究：小块农地经营的案例分析 [J]. 财经问题研究 (10)：60-65.

刘凤芹，2006. 农业土地规模经营的条件与效果研究：以东北农村为例 [J]. 管理世界 (9)：71-79，171-172.

刘凤芹，2011. 农地规模的效率界定 [J]. 财经问题研究 (7)：109-116.

刘敏超，李迪强，温琰茂，等，2005. 三江源地区土壤保持功能空间分析及其价值评估 [J]. 中国环境科学，25 (5)：627-631.

刘沛，段建南，刘润，等，2012. 城镇化对耕地功能演变的影响：以湖南邵东县为例 [J]. 湖南农业科学 (11)：70-73，77.

刘诗白，1988. 社会主义商品经济与企业产权 [J]. 经济研究 (3)：37-42.

刘守英，2014. 深化土地改革面临的五大困难 [N]. 中国经营报，3-3 (3).

刘同，李红，孙丹峰，等，2010. 农村土地经营权流转对区域景观的影响：以北京市昌平区为例 [J]. 生态学报，30 (22)：6113-6125.

刘彦随，2013. 中国土地资源研究进展与发展趋势 [J]. 中国生态农业学报，21

（1）：127-133.

刘彦随，刘玉，陈玉福，2011. 中国地域多功能性评价及其决策机制 [J]. 地理学报，66 （10）：1379-1389.

刘彦随，乔陆印，2014. 中国新型城镇化背景下耕地保护制度与政策创新 [J]. 经济地理，34 （4）：1-6.

刘艳，韩红，2008. 农民收入与农地使用权流转的相关性分析 [J]. 财经问题研究（4）：12-17.

刘艳，吴平，2012. 我国粮食直补政策效应的实证分析：基于2004—2009年面板数据 [J]. 农村经济（1）：17-20.

龙花楼，刘彦随，邹健，2009. 中国东部沿海地区乡村发展类型及其乡村性评价 [J]. 地理学报，64 （4）：426-434.

卢晨阳，2014. 欧盟环境政策的发展演变及特点 [J]. 国际研究参考（2）：14-18，23.

卢艳霞，黄盛玉，2014. 耕地保护政策评述及展望 [N]. 中国国土资源报，1-27 （3）.

鲁莎莎，刘彦随，2011. 农地流转中规模经营的适宜度分析：以山东利津县为例 [J]. 地理科学进展，30 （5）：600-606.

陆铭，2011. 玻璃幕墙下的劳动力流动：制度约束、社会互动与滞后的城市化 [J]. 南方经济（6）：23-37.

罗能生，李佳佳，罗富政，2013. 中国城镇化进程与区域生态效率关系的实证研究 [J]. 中国人口·资源与环境，23 （11）：53-60.

罗文斌，汪友结，2009. 我国耕地保护的绩效评价及其省际差异分析 [J]. 自然资源学报，24 （10）：1785-1793.

吕炜，张晓颖，王伟同，2015. 农机具购置补贴、农业生产效率与农村劳动力转移 [J]. 中国农村经济（8）：22-32.

吕晓英，李先德，2014. 美国农业政策支持水平及改革走向 [J]. 农业经济问题（2）：102-109，112.

马爱慧，2011. 耕地生态补偿及空间效益转移研究 [D]. 武汉：华中农业大学.

马文博，2015. 粮食主产区农户耕地保护利益补偿需求意愿及影响因素分析：基于357份调查问卷的实证研究 [J]. 生态经济，31 （5）：97-102.

曼昆，1999. 经济学原理（上册）[M]，北京：北京大学出版社.

毛显强，钟瑜，张胜，2002. 生态补偿的理论探讨 [J]. 中国人口·资源与环境，12 （4）：40-43.

潘玉君，张谦舵，华红莲，2007. 试论可持续发展的地域公平性 [J]. 中国人口·资源与环境，17 （1）：41-43.

屈小博，2013. 培训对农民工人力资本收益贡献的净效应：基于平均处理效应的估计 [J]. 中国农村经济（8）：55-64.

邵敏，包群，2012. 政府补贴与企业生产率：基于我国工业企业的经验分析 [J]. 中国工业经济（7）：70-82.

施园园，赵华甫，郧文聚，等，2015. 北京市耕地多功能空间分异及其社会经济协调模式

解释 [J]. 资源科学，37 (2)：247-257.

宋小青，欧阳竹，2012a. 耕地多功能内涵及其对耕地保护的启示 [J]. 地理科学进展，31 (7)：859-868.

宋小青，欧阳竹，2012b. 中国耕地多功能管理的实践路径探讨 [J]. 自然资源学报，27 (4)：540-551.

宋小青，吴志峰，欧阳竹，2014. 1949 年以来中国耕地功能变化 [J]. 地理学报，69 (4)：435-447.

苏芳，尚海洋，聂华林，2011. 农户参与生态补偿行为意愿影响因素分析 [J]. 中国人口·资源与环境，21 (4)：119-125.

孙新章，谢高地，张其仔，等，2006. 中国生态补偿的实践及其政策取向 [J]. 资源科学，28 (4)：25-30.

谭智心，周振，2014. 农业补贴制度的历史轨迹与农民种粮积极性的关联度 [J]. 改革 (1)：94-102.

陶建平，陈新建，2008. 粮食直补对稻农参与非农劳动的影响分析：基于湖北 309 户农户入户调查的分析 [J]. 经济问题 (9)：74-77.

万广华，程恩江，1996. 规模经济、土地细碎化与我国的粮食生产 [J]. 中国农村观察 (3)：31-36，64.

汪阳洁，张静，2009. 基于区域发展视角的耕地保护政策失灵及对策选择 [J]. 中国人口·资源与环境，19 (1)：76-81.

王世群，何秀荣，王成军，2010. 农业环境保护：美国的经验与启示 [J]. 农村经济 (11)：126-129.

王伟，马超，2013. 基于可行能力理论的失地农民福利水平研究：以江苏省宜兴市和太仓市为例 [J]. 农业技术经济 (6)：20-31.

王晓云，2010. "绿色新政"与区域生态政策效率途径选择研究 [J]. 生产力研究 (6)：143-144.

王昱，2009. 区域生态补偿的基础理论与实践问题研究 [D]. 长春：东北师范大学.

夏玉莲，曾福生，2013. 农村土地流转、生态效应与区域差异：基本中国 31 个省份面板数据的实证分析 [J]. 山东农业大学学报（社会科学版）(3)：40-46，58，117-118.

向国成，曾小明，韩绍凤，2013. 农村家庭异质性、转移就业与收入回报：基于匹配估计量的经验分析 [J]. 中国农村经济 (11)：46-56.

肖琴，2011. 农业补贴政策的有效性研究及其政策改革分析：基于顺序 logistic 模型的分析 [J]. 工业技术经济 (3)：79-84.

熊群芳，2009. 对土地流转过程中粮食补贴情况的调查及建议：以江西永修县为例 [J]. 金融与经济 (7)：94-95.

徐大伟，李斌，2015. 基于倾向值匹配法的区域生态补偿绩效评估研究 [J]. 中国人口·资源与环境，25 (3)：34-42.

许晨阳，钱争鸣，李雍容，等，2009. 流域生态补偿的环境责任界定模型研究 [J]. 自然资源学报，24 (8)：1488-1496.

薛凤蕊，乔光华，苏日娜，2011. 土地流转对农民收益的效果评价：基于 DID 模型分析 [J]. 中国农村观察（2）：36-42，86.

薛友，2013. 苏州生态补偿评估 [D]. 济南：山东师范大学.

杨国强，2014. 区域协调发展的路径选择与政策取向：基于区域差距内生机理的探讨 [J]. 理论与改革（3）：77-79.

杨欣，蔡银莺，2011. 国内外农田生态补偿的方式及其选择 [J]. 中国人口·资源与环境，S2：472-476.

杨雪，谈明洪，2014b. 北京市耕地功能空间差异及其演变 [J]. 地理研究，33（6）：1106-1118.

杨雪，谈明洪，2014a. 近年来北京市耕地多功能演变及其关联性 [J]. 自然资源学报，29（5）：733-743.

姚洋，2000. 中国农地制度：一个分析框架 [J]. 中国社会科学（2）：54-65，206.

余亮亮，蔡银莺，2014. 耕地保护经济补偿政策的初期效应评估：东、西部地区的实证及比较 [J]. 中国土地科学，28（12）：16-23.

余亮亮，蔡银莺，2015. 基于农户满意度的耕地保护经济补偿政策绩效评价及障碍因子诊断 [J]. 自然资源学报，30（7）：1092-1103.

俞琼艳，2013. 基于农户视角的农业补贴政策的耕地保护效果评估 [D]. 南昌：江西农业大学.

喻锋，2010. 欧洲城市土地多功能集约利用简介及其启示 [J]. 资源导刊（11）：44-45.

袁弘，蒋芳，刘盛和，等，2007. 城市化进程中北京市多功能农地利用 [J]. 干旱区资源与环境，21（10）：18-23.

张兵，曹阳，许国玉，2008. 发达地区农村信用社改革的政策效果评价：以江苏省农村商业银行模式为例 [J]. 农业技术经济（5）：89-96.

张成宝，翁贞林，黄玉婷，等，2011. 鄱阳湖生态经济区农户土地流转行为的实证研究：基于 273 户农户的调研 [J]. 中国农学通报，27（29）：177-181.

张川川，JohnGiles，赵耀辉，2015. 新型农村社会养老保险政策效果评估：收入、贫困、消费、主观福利和劳动供给 [J]. 经济学（季刊），14（1）：203-230.

张五常，2002. 经济解释（三卷本）[M]. 香港：花千树出版有限公司.

张效军，欧名豪，高艳梅，2008. 耕地保护区域补偿机制之价值标准探讨 [J]. 中国人口·资源与环境，18（5）：154-160.

张效军，欧名豪，高艳梅，等，2008. 我国耕地保护制度的理论命题与机制创新 [J]. 农业现代化研究，29（1）：21-25.

张忠根，黄祖辉，1997. 规模经营：提高农业比较效益的重要途径 [J]. 农业技术经济（5）：5-7.

章家恩，饶卫民，2004. 农业生态系统的服务功能与可持续利用对策探讨 [J]. 生态学杂志，23（4）：99-102.

赵昌文，Nigel Swain，2001. 欧盟共同农业政策研究 [M]. 成都：西南财经大学出版社.

赵翠薇，王世杰，2010. 生态补偿效益、标准：国际经验及对我国的启示 [J]. 地理研究，

29（4）：597－606.

赵峦，孙文凯，2010. 农信社改革对改善金融支农的政策效应评估：基于全国农户调查面板数据的倍差法分析 [J]. 金融研究 (3)：194－206.

赵雪雁，李巍，王学良，2012. 生态补偿研究中的几个关键问题 [J]. 中国人口·资源与环境，22（2）：1－7.

赵雪雁，2012. 生态补偿效率研究综述 [J]. 生态学报，32（6）：1960－1969.

赵耀辉，1997. 中国农村劳动力流动及教育在其中的作用：以四川省为基础的研究 [J]. 经济研究 (2)：37－42，73.

赵泽慧，2015. 发达地区生态补偿对农户土地利用决策意愿影响研究：以太仓市为例 [J]. 农业与技术，35（19）：167－168，174.

甄霖，曹淑艳，魏云洁，等，2009. 土地空间多功能利用：理论框架及实证研究 [J]. 资源科学，31（4）：544－551.

郑风田，王旭，张曼，等，2014. 基于农民满意度的农业补贴政策实施现状研究 [J]. 现代管理科学 (7)：13－15.

钟春平，陈三攀，徐长生，2013. 结构变迁、要素相对价格及农户行为：农业补贴的理论模型与微观经验证据 [J]. 金融研究 (5)：167－180.

钟方雷，徐中民，李兴文，2009. 美国生态补偿财政项目的理论与实践 [J]. 财会研究，18：12－17.

钟甫宁，顾和军，纪月清，2008. 农民角色分化与农业补贴政策的收入分配效应：江苏省农业税减免、粮食直补收入分配效应的实证研究 [J]. 管理世界 (5)：65－70，76.

钟甫宁，纪月清，2009. 土地产权、非农就业机会与农户农业生产投资 [J]. 经济研究 (12)：43－51.

周晶，陈玉萍，丁士军，2015. "一揽子"补贴政策对中国生猪养殖规模化进程的影响：基于双重差分方法的估计 [J]. 中国农村经济 (4)：29－43.

周小平，柴铎，卢艳霞，等，2010. 耕地保护补偿的经济学解释 [J]. 中国土地科学，24（10）：30－35.

朱农，2004. 离土还是离乡？：中国农村劳动力地域流动和职业流动的关系分析 [J]. 世界经济文汇 (1)：53－63.

朱阳红，2012. 基于农民满意度的我国耕地保护政策实施效果及其影响因素研究 [D]. 杭州：浙江大学.

Mankiw NG，2003. 经济学原理 [M] 北京：机械工业出版社.

Stigliz JE，2000. 经济学 [M] 北京：中国人民大学出版社.

Abadie A，Imbens GW，Drukker D，et al，2004. Implementing matching estimators for average treatment effects in Stata [J]. Stata Journal (4)：290－311.

Addison T，Arndt C，Tarp F，2011. The triple crisis and the global aid architecture [J]. African Development Review，23（4）：461－478.

Alston LJ，Libecap GD，1996. The determinants and impact of property rights：Land titles on the Brazilian frontier [J]. Journal of Law，Economics，and Organization，12（1）：25－61.

American Farmland Trust (AFT), 2005a. Status of Selected Local PACE Programs: Fact Sheet [R]. Washington DC.

American Farmland Trust (AFT), 2005b. Status of State PACE Programs: Fact Sheet [R]. Washington DC.

American Farmland Trust (AFT), 2008. Success in the 2008 Farm Bill, a New Direction for Farm and Food Policy: AFT Overview of the 2008 Farm Bill. Fact Sheet [R]. Washington DC.

Anderson K, Weinhold D, 2008. Valuing future development rights: The costs of conservation easements [J]. Ecological Economics, 68 (1): 437 - 446.

Angelsen A, 2010. Policies for reduced deforestation and their impact on agricultural production [J]. Proceedings of the National Academy of Sciences, 107 (46): 19639 - 19644.

Athey S, Imbens GW, 2006. Identification and inference in nonlinear difference - in - differences models [J]. Econometrica, 74 (2): 431 - 497.

Barreiro - Hurlé J, Espinosa - Goded M, Dupraz P, 2008. Does intensity of change matter? Factors affecting adoption in two agri - environmental schemes [C]. 107th EAAE Seminar, Seville, Spain.

Battershill MRJ, Gilg AW, 1997. Socio - economic constraints and environmentally friendly farming in the Southwest of England [J]. Journal of Rural Studies, 13 (2): 213 - 228.

Baylis K, Peplow S, Rausser G, et al, 2008. Agri - environmental policies in the EU and United States: A comparison [J]. Ecological Economics, 65 (4): 753 - 764.

Beedell J, Rehman T, 2000. Using social - psychology models to understand farmers' conservation behaviour [J]. Journal of Rural Studies, 16 (1): 117 - 127.

Beedell JC, Rehman T, 1996. 'A meeting of minds for farmers and conservationists? Some initial evidence on attitudes towards conservation from Bedfordshire' [J]. Farm Management (9): 305 - 313.

Bengston DN, Fletcher JO, Nelson KC, 2004. Public policies for managing urban growth and protecting open space: policy instruments and lessons learned in the United States [J]. Landscape and urban planning, 69 (2): 271 - 286.

Besley T, 1995. Property rights and investment incentives: Theory and evidence from Ghana [J]. Journal of Political Economy, 103 (5): 903 - 937.

Blakely M, 1991. An economic analysis of the effects of development rights purchases on land values in King County, Washington [D]. Washington DC: Washington State University.

Bonnieux F, Rainelli P, Vermersch D, 1998. Estimating the supply of environmental benefits by agriculture: a French case study [J]. Environmental and Resource Economics, 11 (2): 135 - 153.

Bradshaw B, Smit B, 1997. Subsidy removal and agro - ecosystem health [J]. Agriculture, ecosystems & environment, 64 (3): 245 - 260.

Brasselle AS, Gaspart F, Platteau JP, 2002. Land tenure security and investment incentives:

puzzling evidence from Burkina Faso [J]. Journal of Development Economics, 67 (2): 373 - 418.

Brenner JC, Lavallato S, Cherry M, et al, 2013. Land use determines interest in conservation easements among private landowners [J]. Land Use Policy, 35: 24 - 32.

Bromley DW, 1991. Environment and economy: property rights and public policy [M]. Oxford: Basil Blackwell Publisher Ltd.

Buys P, 2007. At loggerheads? Agricultural expansion, poverty reduction, and environment in the tropical forests [M]. World Bank Publications.

Byers E, Ponte KM, 2005. The conservation easement handbook [M]. Washington DC: Land Trust Alliance.

Cerioli A, Zani S, 1990. A fuzzy approach to the measurement of poverty [M]. Income and wealth distribution, inequality and poverty, Springer, Berlin, Heidelberg: 272 - 284.

Chang K, 2011. 2010 National Land Trust Census Report: A Look at Voluntary Land Conservation in America [R]. Land Trust Alliance and Lincoln Institute of Land Policy, Washington DC.

Cheever F, 1996. Public good and private magic in the law of land trusts and conservation easements: a happy present and a troubled future [J]. Denver University Law Review, 73: 1077.

Cheli B, Lemmi A, 1995. A "Totally" fuzzy and relative approach to the multidimensional analysis of poverty [J]. Economic Notes Siena: 115 - 134.

Choumert J, Phélinas P, 2015. Determinants of agricultural land values in Argentina [J]. Ecological Economics (110): 134 - 140.

Ciriacy - Wantrup SV, Bishop R C, 1975. "Common property" as a concept in natural resources policy [J]. Natural resources journal, 15 (4): 713 - 727.

Ciriacy - Wantrup SV, 1971. The economics of environmental policy [J]. Land Economics, 47 (1): 36 - 45.

Claassen R, Cattaneo A, Johansson R, 2008. Cost - effective design of agri - environmental payment programs: US experience in theory and practice [J]. Ecological Economics, 65 (4): 737 - 752.

Claassen R, Horowitz J, Duquette E, et al, 2014. Additionality in US agricultural conservation and regulatory offset programs [R]. USDA - ERS Economic Research Report.

Cross JE, Keske CM, Lacy MG, et al, 2011. Adoption of conservation easements among agricultural landowners in Colorado and Wyoming: The role of economic dependence and sense of place [J]. Landscape and Urban Planning, 101 (1): 75 - 83.

Damianos D, Giannakopoulos N, 2002. Farmers' participation in agri - environmental schemes in Greece [J]. British Food Journal, 104 (3): 261 - 273.

Daniels T, Lapping M, 2005. Land preservation: An essential ingredient in smart growth [J]. Journal of planning literature, 19 (3): 316 - 329.

Danskin M, 2000. Conservation easement violations: results from a study of land trusts [J]. Land trust alliance exchange, 19 (1) : 3 - 10.

Davey C, Vickery J, Boatman N, et al, 2010. Regional variation in the efficacy of Entry Level Stewardship in England [J]. Agriculture, ecosystems & environment, 139 (1): 121 - 128.

Davies BB, Hodge ID, 2006. Farmers' preferences for new environmental policy instruments: determining the acceptability of cross compliance for biodiversity benefits [J]. Journal of Agricultural Economics, 57 (3): 393 - 414.

De Groot RS, Wilson MA, Boumans RMJ, 2002. A typology for the classification, description and valuation of ecosystem functions, goods and services [J]. Ecological Economics, 41 (3): 393 - 408.

De Groot R, Hein L, 2007. Concept and valuation of landscape functions at different scales [M]. Multifunctional land use. Springer, Berlin, Heidelberg: 15 - 36.

De Haas H, 2010. Migration and development: a theoretical perspective1 [J]. International migration review, 44 (1): 227 - 264.

De Laporte A, Weersink A, Yang W, 2010. Ecological goals and wetland preservation choice [J]. Canadian Journal of Agricultural Economics/Revue canadienne d'agroeconomie, 58 (1): 131 - 150.

De Soto H, Diaz H P. The mystery of capital: Why capitalism triumphs in the West and fails everywhere else [J]. Canadian Journal of Latin American & Caribbean Studies, 2002, 27 (53): 172.

Deininger K, Feder G, 2001. Land institutions and land markets [J]. Handbook of agricultural economics (1): 288 - 331.

Deininger K, Jin S, 2006. Tenure security and land - related investment: Evidence from Ethiopia [J]. European Economic Review, 50 (5): 1245 - 1277.

Delvaux L, Henry de Frahan B, Dupraz P, et al, 1999. Adoption d'une MAE et consentement à recevoir des agriculteurs en région wallone [J]. Economie Rurale, 249 (1): 71 - 81.

Do QT, Iyer L, 2008. Land titling and rural transition in Vietnam [J]. Economic Development and Cultural Change, 56 (3): 531 - 579.

Dobbs TL, Pretty JN, 2004. Agri - environmental stewardship schemes and multi - functionality [J]. Applied economic perspectives and policy, 26 (2): 220 - 237.

Duke JM, Dundas SJ, Messer KD, 2012. Cost Effective Conservation Planning: Twenty Lessons from Economics [R]. University of Delaware, Department of Economics.

Duke JM, Ilvento TW, 2004. A conjoint analysis of public preferences for agricultural land preservation [J]. Agricultural and Resource Economics Review, 33 (2): 209 - 219.

Dupraz P, Vanslembrouck I, Bonnieux F, et al, 2002. Farmers' participation in European agri - environmental policies [R]. European Association of Agricultural Economists: 28 - 31.

Natural England, 2009. Look after your land with Environmental Stewardship [R]. Natural England, London.

Ewald JA, Aebischer NJ, Richardson SM, et al, 2010. The effect of agri‐environment schemes on grey partridges at the farm level in England [J]. Agriculture, ecosystems & environment, 138 (1): 55‐63.

Farmer JR, Chancellor C, Fischer BC, 2011. Motivations for using conservation easements as a land protection mechanism: a mixed methods analysis [J]. Natural Areas Journal, 31 (1): 80‐87.

Feather P, Barnard CH, 2003. Retaining open space with purchasable development rights programs [J]. Review of Agricultural Economics, 25 (2): 369‐384.

Field RH, Morris AJ, Grice PV, et al, 2011. The provision of winter bird food by the English Environmental Stewardship scheme [J]. Ibis, 153 (1): 14‐26.

Foley JA, Defries R, Asner GP, et al, 2005. Global consequences of land use [J]. Science, 309 (5734): 570‐574.

Fraser MW, Guo S, Ellis AR, et al, 2011. Outcome studies of social, behavioral, and educational interventions emerging issues and challenges [J]. Research on Social Work Practice, 21 (6): 619‐635.

Fulton W, Hollis L, 2002. Open Space Protection: Conservation Meets Growth Management [J]. The Brookings Institution Center on Urban and Metropolitan Policy, Washington DC: 84‐90.

Gale HF, 1993. Why did the number of young farm entrants decline? [J]. American Journal of Agricultural Economics, 75 (1): 138‐146.

Galiani S, Schargrodsky E, 2010. Property rights for the poor: Effects of land titling [J]. Journal of Public Economics, 94 (9): 700‐729.

Gardner BD, 1977. The economics of agricultural land preservation [J]. American Journal of Agricultural Economics, 59 (5): 1027‐1036.

Garrod G, Ruto E, Willis K, et al, 2012. Heterogeneity of preferences for the benefits of Environmental Stewardship: A latent‐class approach [J]. Ecological Economics (76): 104‐111.

Geoghegan J, Lynch L, Bucholtz S, 2003. Capitalization of open spaces into housing values and the residential property tax revenue impacts of agricultural easement programs [J]. Agricultural and Resource Economics Review, 32 (1): 33‐45.

Geoghegan J, 2002. The value of open spaces in residential land use [J]. Land use policy, 19 (1): 91‐98.

Gerber J D, 2012. The difficulty of integrating land trusts in land use planning [J]. Landscape and Urban Planning, 104 (2): 289‐298.

Goldstein M, Udry C, 2008. The profits of power: Land rights and agricultural investment in Ghana [J]. Journal of political Economy, 116 (6): 981‐1022.

Hajkowicz S, 2009. The evolution of Australia's natural resource management programs: towards improved targeting and evaluation of investments [J]. Land Use Policy, 26 (2): 471‐478.

Heimlich R E, Claassen R, 1998. Agricultural conservation policy at a crossroads [J]. Agricultural and resource economics review (27): 95 - 107.

Hodge I D, Adams W M, 2012. Neoliberalisation, rural land trusts and institutional blending [J]. Geoforum, 43 (3): 472 - 482.

Horowitz J, Gottlieb J, 2010. The role of agriculture in reducing greenhouse gas emissions [J]. Economic Brief - Economic Research Service, United States of Agriculture (15): 2 - 5.

Hung Hao Chang, Dayton M, 2008. Lambert and Ashok K. Mishra, Does participation in the conservation reserve program impact the economic well - being of farm household [J]. Agricultural Economics, 38 (2): 201 - 212.

International Crisis Group, 2005. The Curse of Cotton: Central Asia's Destructive Monoculture [R]. Asia Report.

Irwin EG, Bockstael NE, 2001. The problem of identifying land use spillovers: measuring the effects of open space on residential property values [J]. American journal of agricultural economics, 83 (3): 698 - 704.

Jackson LE, Pascual U, Hodgkin T, 2007. Utilizing and conserving agro - biodiversity in agricultural landscapes [J]. Agriculture, Ecosystems & Environment, 121 (3): 196 - 210.

Jongeneel RA, Polman NBP, Slangen LHG, 2008. Why are Dutch farmers going multifunctional? [J]. Land Use Policy, 25 (1): 81 - 94.

Joshua M. Duke Thomas W. llvento Rhonda A, et al, 2002. Public Support for Land Preservation [R]. Department of Food and Resource Economics, University of Delaware. FREC Research Report.

Kabii T, Horwitz P, 2006. A review of landholder motivations and determinants for participation in conservation covenanting programmes [J]. Environmental Conservation, 33 (1): 11 - 20.

Kirwan BE, 2009. The incidence of US agricultural subsidies on farmland rental rates [J]. Journal of Political Economy, 117 (1): 138 - 164.

Kraft M, 2017. Environmental policy and politics [M]. New York: Routledge.

La Vina A, Fransen L, Faeth P, et al, 2006. Reforming Agricultural Subsidies: "No Regrets [J]. Policies for Livelihoods and the Environment", Washington DC: World Resources Institute White Paper.

Lai Y, Peng Y, Li B, et al, 2014. Industrial land development in urban villages in China: A property rights perspective [J]. Habitat International, 41: 185 - 194.

Lence SH, Mishra AK, 2003. The impacts of different farm programs on cash rents [J]. American Journal of Agricultural Economics, 85 (3): 753 - 761.

Lin Nan, 2001. Social Capital [M], Cambridge: Cambridge University Press.

llbery BW, Bowler IR, 1993. The farm diversification grant scheme: adoption and non - adoption in England and Wales [J]. Environment and Planning C: Government and Policy, 11 (2): 161 - 170.

López R, Galinato GI, 2007. Should governments stop subsidies to private goods? Evidence from rural Latin America [J]. Journal of Public Economics, 91 (5): 1071 - 1094.

Lynch L, Gray W, Geoghegan J, 2007. Are farmland preservation program easement restrictions capitalized into farmland prices? What can a propensity score matching analysis tell us? [J]. Applied Economic Perspectives and Policy, 29 (3): 502 - 509.

Lynch L, Liu X, 2007. Impact of designated preservation areas on rate of preservation and rate of conversion: preliminary evidence [J]. American Journal of Agricultural Economics, 89 (5): 1205 - 1210.

Lynch L, Lovell SJ, 2003. Combining spatial and survey data to explain participation in agricultural land preservation programs [J]. Land Economics, 79 (2): 259 - 276.

Lynch L, Musser WN, 2001. A relative efficiency analysis of farmland preservation programs [J]. Land Economics, 77 (4): 577 - 594.

Machado EA, Stoms DM, Davis FW, et al, 2006. Prioritizing farmland preservation cost - effectively for multiple objectives [J]. Journal of soil and water conservation, 61 (5): 250 - 258.

Macours K, De Janvry A, Sadoulet E, 2010. Insecurity of property rights and social matching in the tenancy market [J]. European Economic Review, 54 (7): 880 - 899.

Markussen T, Tarp F, Van den Broeck K, 2011. The forgotten property rights: Evidence on land use rights in Vietnam [J]. World Development, 39 (5): 839 - 850.

Marshall EP, Weinberg M, 2012. Baselines in Environmental Markets: Tradeoffs Between Cost and Additionality [R]. United States Department of Agriculture, Economic Research Service.

Martin A, Gross - Camp N, Kebede B, et al, 2014. Measuring effectiveness, efficiency and equity in an experimental Payments for Ecosystem Services trial [J]. Global Environmental Change, 28 (6): 216 - 226.

McLaughlin NA, Weeks WW, 2009. In Defense of Conservation Easements: A Response to 'The End of Perpetuity' [J]. Wyoming Law Review, 9 (1): 1 - 96.

Merenlender AM, Huntsinger L, Guthey G, et al, 2004. Land trusts and conservation easements: Who is conserving what for whom? [J]. Conservation Biology, 18 (1): 65 - 76.

Messer KD, 2006. The conservation benefits of cost - effective land acquisition: A case study in Maryland [J]. Journal of Environmental Management, 79 (3): 305 - 315.

Metzger MJ, Rounsevell MD A, Acosta - Michlik L, 2006. The vulnerability of ecosystem services to land use change [J]. Agriculture, Ecosystems & Environment, 114 (1): 69 - 85.

Millennium Ecosystem Assessment, 2005. Ecosystems and human well - being: Synthesis [M]. Washington Washington DC: Island Press: 88 - 101.

Morris AW, Rissman AR, 2009. Public access to information on private land conservation: tracking conservation easements [J]. Wisconsin. Law. Review: 1237 - 1280.

Morris AW, 2008. Easing conservation? Conservation easements, public accountability and neoliberalism [J]. Geoforum, 39 (3): 1215 - 1227.

Mundie RM, 1982. Evaluating the effectiveness of local government farmland protection programs [J]. GeoJournal, 6 (6): 513 – 517.

Mzoughi N, 2011. Farmers adoption of integrated crop protection and organic farming: Do moral and social concerns matter? [J]. Ecological Economics, 70 (8): 1536 – 1545.

Nickerson CJ, Lynch L, 2001. The effect of farmland preservation programs on farmland prices [J]. American Journal of Agricultural Economics, 83 (2): 341 – 351.

Nickerson CJ, Morehart M, Kuethe T, et al, 2012. Trends in US farmland values and ownership [M]. Wasington, DC: US Department of Agriculture, Economic Research Service.

Pagiola S, Platais G, 2007. Payments for Environmental Services: from theory to practice [J]. Washington DC: World Bank.

Paulsen K. Land Policies and Their Outcomes (Proceedings of the 2006 Land Policy Conference) [J]. Land Use Policy, 2009, 26 (3): 855.

Pérez – Soba M, Petit S, Jones L, et al, 2008. Land use functions – a multi – functionality approach to assess the impact of land use changes on land use sustainability [M]. Sustainability impact assessment of land use changes. Springer Berlin Heidelberg: 375 – 404.

Pineda F, 1989. The Other Path: the Invisible Revolution in the Third World [J]. Mid – Atlantic Journal of Business, 25 (6): 89 – 92.

Potter C, Lobley M, 1992. The conservation status and potential of elderly farmers: results from a survey in England and Wales [J]. Journal of Rural Studies, 8 (2): 133 – 143.

Primdahl J, Peco B, Schramek J, et al, 2003. Environmental effects of agri – environmental schemes in Western Europe [J]. Journal of environmental management, 67 (2): 129 – 138.

Ranis G, Fei JC H, 1961. A theory of economic development [J]. The American economic review, 51 (4): 533 – 565.

Rizov M, 2005. Rural development under the European CAP: the role of diversity [J]. The Social Science Journal, 42 (4): 621 – 628.

Robbins, P, Hintz, J, Moore, et al, 2014. Environment and Society: A Critical Introduction [M]. Malden, MA: Wiley – Blackwell.

Roberts MJ, Lubowski RN, 2007. Enduring impacts of land retirement policies: evidence from the Conservation Reserve Program [J]. Land Economics, 83 (4): 516 – 538.

Rodgers C. Property Rights, 2009. Land Use and the Rural Environment: A Case for Reform [J]. Land Use Policy, 26 (s1), 134 – 141.

Rosenbaum PR, Rubin DB, 1983. The central role of the propensity score in observational studies for causal effects [J]. Biometrika, 70 (1): 41 – 55.

Schößer B, Helming K, Wiggering H, 2010. Assessing land use change impacts: a comparison of the SENSOR land use function approach with other frameworks [J]. Journal of Land Use Science, 5 (2): 159 – 178.

Sheeder RJ, Lynne GD, 2011. Empathy – conditioned conservation: "Walking in the shoes of others" as a conservation farmer [J]. Land Economics, 87 (3): 433 – 452.

Slee B, 2007. Social indicators of multifunctional rural land use: the case of forestry in the UK [J]. Agriculture, Ecosystems & Environment, 120 (1): 31 – 40.

Smith JA, Todd PE, 2005. Does matching overcome LaLonde's critique of nonexperimental estimators? [J]. Journal of econometrics, 125 (1): 305 – 353.

Sokolow AD, 2006. A National View of Agricultural Easement Programs: Easements and Local Planning [R]. American Farmland Trust and Agricultural Issues Center, DeKalb, IL.

Sundberg JO, 2013. Using conservation easements to protect open space: public policy, tax effects, and challenges [J]. Journal of Property Tax Assessment & Administration, 10 (1): 5 – 6.

Swart JAA, Ferraro PJ, Kiss A, 2003. Will direct payments help biodiversity? [J]. Science, 299 (5615): 1981 – 1982.

Taff SJ, 2004. Evidence of a market effect from conservation easements [R]. University of Minnesota, Department of Applied Economics.

Kandiyoti, Deniz, ED, 2007. The cotton sector in Central Asia: economic policy and development challenges: proceedings of a conference held at SOAS University of London 3 – 4 November 2005 [R]. School of Oriental & African Studies University of London.

Thompson E, 1996. Toward a more strategic approach to farmland protection [R]. American Farmland Trust, Washington DC.

Todaro MP, 1969. A model of labor migration and urban unemployment in less developed countries [J]. The American economic review, 59 (1): 138 – 148.

Trevisani T, 2007. The Emerging Actor of Decollectivization in Uzbekistan. Private Farming between Newly Defined Political Constraints and Opportunities [J]. The Cotton Sector in Central Asia: Economic Policy and Development Challenges: 151 – 174.

Tulloch DL, Myers JR, Hasse JE, et al, 2003. Integrating GIS into farmland preservation policy and decision making [J]. Landscape and Urban Planning, 63 (1): 33 – 48.

Van Huylenbroeck G, Whitby M, 1999. Countryside Stewardship: Farmers, policies and markets [M]. Pergamon: Emerald Group Publishing.

Vanslembrouck I, Huylenbroeck G, Verbeke W, 2002. Determinants of the Willingness of Belgian Farmers to Participate in Agri – environmental Measures [J]. Journal of agricultural economics, 53 (3): 489 – 511.

Verburg PH, van de Steeg J, Veldkamp A, et al, 2009. From land cover change to land function dynamics: a major challenge to improve land characterization [J]. Journal of Environmental Management, 90 (3): 1327 – 1335.

Vitaliano DF, Hill C, 1994. Agricultural districts and farmland prices [J]. The Journal of Real Estate Finance and Economics, 8 (3): 213 – 223.

Wilson GA, 1996. Farmer environmental attitudes and ESA participation [J]. Geoforum, 27 (2): 115 – 131.

Wise TA, 2004. The paradox of agricultural subsidies: measurement issues, agricultural dumping, and policy reform [R]. Tufts University.

Wise T A. The paradox of agricultural subsidies: measurement issues, agricultural dumping, and policy reform [R]. 2004.

Wossink GAA, van Wenum JH, 2003. Biodiversity conservation by farmers: analysis of actual and contingent participation [J]. European review of agricultural economics, 30 (4): 461－485.

Wunder S, Engel S, Pagiola S, 2008. Taking stock: a comparative analysis of payments for environmental services programs in developed and developing countries. Ecological Economics, 65 (4): 834－852.

Wynn G, Crabtree B, Potts J, 2001. Modelling farmer entry into the environmentally sensitive area schemes in Scotland [J]. Journal of agricultural economics, 52 (1): 65－82.

Zadeh LA, 1965. Fuzzy sets [J]. Information and control, 8 (3): 338－353.

图书在版编目（CIP）数据

农田保护经济补偿政策农户参与的异质效应研究 /
李海燕，蔡银莺著. —北京：中国农业出版社，2021.10
ISBN 978-7-109-27320-7

Ⅰ.①农… Ⅱ.①李… ②蔡… Ⅲ.①农田保护—补
偿机制—研究—中国 Ⅳ.①F323.211

中国版本图书馆 CIP 数据核字（2020）第 175158 号

中国农业出版社出版

地址：北京市朝阳区麦子店街 18 号楼
邮编：100125
责任编辑：贾　彬　　文字编辑：葛　俊
版式设计：王　晨　　责任校对：吴丽婷
印刷：北京中兴印刷有限公司
版次：2021 年 10 月第 1 版
印次：2021 年 10 月北京第 1 次印刷
发行：新华书店北京发行所
开本：700mm×1000mm　1/16
印张：11
字数：220 千字
定价：48.00 元